JN043717

ダラダラ時間をリセットする

最新心理学BEST60

心理学者
内藤誼人

春陽堂書店

まえがき

勤務時間中だというのに、何となくスマホをいじってみたり、仕事とは関係のないネットサーフィンをしてみたり、何となくダラダラとしてしまう人は、意外に多いのではないかと思われます。

カナダ・カルガリー大学のピアス・スティール氏によると、何と70%から95%の大学生が、「私はダラダラ人間」だと自覚していて、しかもそのうち半数以上が、ダラダラしていることが問題だと認めているのです。さらに、94%はダラダラしてしまうことが、自分の幸福度を引き下げていると感じているそうです。

「大学生というのは、昔からのんきにダラダラしているものだよ」と思うかもしれませんね。では、一般の人を対象にした研究を紹介しましょう。

アメリカ・デポール大学のジェシー・ハリオット氏は、一般人（平均47・6歳）を対象に調べてみたのですが、20％が自分をダラダラ人間だと自認していました。大学生に比べればぐっと数は減りますが、それでも5人に1人ですからね。

おそらくみなさんも、ダラダラしている自分に薄々と気づいており、「これではいけない！」と感じているのではないでしょうか。できれば、「ダラダラする自分を改善したい！」と望んでいるのではないでしょうか。

そんなみなさんのために、本書を執筆いたしました。

結論からいえば、「ダラダラ時間」は減らせます!!

というのも、「ダラダラ時間」というのは、遺伝のように生まれつき決まっている固定的なものではなくて、本人の生活習慣や、考え方の習慣によって引き起こされているものだからです。ですから、自分の行動や思考のパターンを変えることによって、いくらでもダラダラぐせは改善できるのです。

たとえば、「早食い」の人がいますよね。食べ物をよくかまずに飲み込んでしまうのですが、この悪い習慣は変えられないのでしょうか。早食いの人は、もともとそういう運命に生まれついてしまっていて、自分ではどうにもできないのでしょうか。いえいえ、そんなことはありません。本人にやる気があり、改善するためのノウハウを学べば、いくらでも変えられます。

ダラダラぐせも基本的には同じ。本人が「変えたい！」と強く思うのなら、そういう習慣を改めることは可能です。本書では、そういうやり方をたくさん紹介していきます。

イギリス・ロンドン大学のフィリップ・ラリー氏は、「朝起きたらコップ1杯の水を飲む」とか「ランチのときに果物も一緒に食べる」といった新しい習慣を実験参加者に自分で決めてもらい、毎日の記録をつけてもらいました。

その記録を分析したところ、新しい習慣をしっかり形成し、ほとんど自動的に95％の確率でそれを行うようになれるまでには、早い人で18日、遅い人で254日もかかりました。平均すると66日。ほぼ2カ月です。

だいたい習慣を形成するには、頑張っても2カ月ほどはかかってしまうのです。

同じような結果を示す研究は他にもあります。

カナダ・ヴィクトリア大学のネイヴィン・カウシャル氏は、スポーツジムに新規入会した111人を3カ月間（12週間）にわたって調べてみたことがあるのですが、ジムに通うことがきちんと習慣化されるには、「6週間にわたって、週に最低4回はジムに通う」ことが最低条件であり、これ以下だとうまく習慣化できないことを突き止めています。6週間というのは、だいたい1カ月半です。


本書を参考にしながら、自分なりに「ダラダラ時間削減プログラム」をつくり、それを実行してください。きちんと取り組めば、1カ月から2カ月ほどでみなさんのダラダラ時間は改善されていることを保証しましょう。ダラダラ時間は自分で直せるのです！

「なんだ、1カ月も2カ月もかかるのか……」とガッカリしないでください。1、2カ月後には、ものすごくハッピーな自分に生まれ変われるのですから、こんなにいいことはありませんよ。

ちなみに、「ダラダラの原因」と「リセット方法」に分類して解説しています。ダラダラと時間を浪費するのは、残された人生の貴重な時間を無意味に捨てているのと一緒。そんな自分とはできるだけ早くおさらばしましょう。どうか最後までよろしくお付き合いください。

目次

3章 ダラダラ習慣を断ちきる心理法則

4章 思うように仕事に集中できない人のために

5章 ダラダラしない人生を歩むために

6章 ハッピーに生きていくための心理技法

1章

どうしていつでもダラダラしてしまうのか？

ダラダラの原因

01

時間が無限にあると何となく思い込んでいる

ダラダラしてしまう人には、共通してみられる特徴があります。それは、「時間なんていくらでもある」と何となく思い込んでいること。本人には、「時間をムダに浪費している」という意識はありません。時間なんて空気のようにいくらでもあると考えているのです。

無尽蔵にいくらでも手に入ると思えば、「大切に使おう」という意識が生まれるはずもありませんよね。

したがって、ダラダラ時間を減らす第一歩は、「時間がなくなってしまうぞ！」という危機意識を持つこと。人生には終わりがあることを強く意識し、カウントダウンしながら生きるのです。そうすれば、一秒たりとも時間をムダにしたくない、と考えるようになりますよ。

『限りある時間の使い方』(オリバー・バークマン著　高橋璃子訳/かんき出版)によると、人生をかりに80年とすると、だいたい4000週間になるそうです。人生は、たった4000週しかないのですよ。

「たった4000週!」という事実を知ると、一日一日がものすごく貴重で、大切だと感じませんか。


今、40歳の人に残された時間は、2000週ですよ。そう考えると、少しは慌てるのではないかと思います。


ダラダラする人は、切羽詰まることがないので、ダラダラしてしまうのです。これではいけませんので、残りの人生をカウントダウンしながら生きるようにするのです。そうすれば、ものすごく人生が充実してくるでしょう。

これまでダラダラ生きていた人も、お医者さまから、「余命1年」と宣告されたら、どうでしょうか。おそらくは残された1年間をできるだけ有意義に使いたい、と感じるようになるはずです。

この〝人生カウントダウン・テクニック〟の有効性は、実験でも確認されています。

アメリカ・コロンビア大学のクリスティン・レイアス氏は、１３９人の大学生を２つのグループにわけ、片方のグループには次のように指示しました。

「あなたは30日後に、今住んでいる場所から遠く離れた場所に引っ越さなければならない、とイメージしてください。今の場所に住んでいられるのも残り30日。毎日、カウントダウンしながら生活してください。会いたい人に連絡したり、訪れておかないと心残りになりそうな場所に行ったりしてください」

一方のグループは比較のための条件（コントロール条件）です。こちらには、何の指示も出さず、30日間、毎日の活動の記録をつけてもらいました。

さて、30日の記録をとってもらい、そこからさらに2週間が経過したところで、自分の人生にどれだけ満足しているかを尋ねてみると、「あと30日しかない」というイメージを抱きながら生活していたグループのほうが、はるかに満足度が高くなっていることがわかりました。

人生には限りがあると思っていると、時間の使い方にも気を配るようになりますし、そうすることによって人生を深く味わうことができ、生きている喜びを強く感じられるようになるのです。

「私の残りの時間は……」とたえず意識しながら生活しましょう。ダラダラしているのがもったいない、という気持ちになれればしめたものです。

リセット方法 02

選択肢を思いきり絞り込む

　現代のように豊かな社会においては、何をするにしても、ものすごく多くの「選択肢」が用意されています。

　たとえば、食事をするにしても、和食にするか、中華料理にするか、イタリアンにするか、などたくさんの選択肢があります。遊ぶにしても、スマホのアプリゲームもあれば、スポーツもあれば、キャンプもあれば、というように、たくさんの選択肢があるものです。

　それだけ日本も豊かになったという証拠ですし、そのこと自体は非常にありがたいのかもしれませんが、一つ困った問題が生じるようになってしまいました。私たちは、たくさんの選択肢を見せられると、どれに決めればよいのかわからなくなってしまい、行動できなくなってしまうのです。

スイス・バーゼル大学のベンジャミン・シェイベーン氏は、あまりに多くの選択肢が与えられると、人は選択することができなくなり、かりに決定をしても、自分の決定に満足できなくなる、と指摘しています。選択肢が多いのも、困りものなのです。

私たちが、ダラダラ（というか、まごまご）してしまう理由の一つとして、「選択肢が多すぎるから」ということをあげてもよいかもしれません。選択肢が多いと、どれか一つに決めかねてしまうのです。

では、どうすればダラダラせずに決められるのでしょうか。

簡単な話で、選択などしないようにすればいいのです。

いちいち選択しようとするから、ダラダラしてしまうのですから、「選択しない」ように自分のライフスタイルを見直せばいいのです。

毎日、どの洋服を着るかで時間をかけてしまっている人がいるとしましょうか。

それは、たくさんの洋服を持っているのが悪いのです。選択肢が多いので、なかなか決められず、しかも何とか決めたあとでも、「やっぱり他の服のほうがよかったかも?」などと考えてしまうのです。

その点、洋服をそもそも5着しか持っていなければ、平日はその5着を月曜から順番に着ればすむことなので、まったく迷いません。洋服選びでダラダラしなくなるのです。いらない洋服を大胆に処分し、選択に困らないようにするのがコツです。

朝食は、いつでも納豆とみそ汁と決めておけば、メニューを考えずにすみます。週末には必ず釣りを楽しむ、と決めておけば、「週末は何をして過ごそうか……」などと考えずにすみます。

できるだけ自分の生活をシンプルにし、選択に困らないようにしてみましょう。そうすれば、自然とダラダラしない生き方ができるようになります。

ダラダラの原因

03

単純にエネルギー不足

何をするにしても、いまいち気分が盛り上がらず、やる気も出ない人がいます。やる気が出ないので、ダラダラしてしまうのです。

こういう人は、ひょっとすると食生活がよくないのかもしれません。必要な栄養をとっていないので、やる気も出てこないという可能性が非常に高いです。

必要な栄養をとっていなければ、やる気が出ないのも当たり前ですよね。自動車はガソリンがなければ走ることはできませんが、人間も同じ。行動するには、エネルギーが必要ですが、そのエネルギーとなる栄養をとっていなければ、力が出せるわけがないのですよ。

「きちんと食事はしているのですが……」とい

う人もいるでしょうが、好きなものだけを食べていれば、栄養は偏ってしまい、同じようにエネルギーは出ません。ビタミンや亜鉛、鉄など、必要な栄養素をとらないと、パワーは出ないのです。

そこでおすすめなのが、サプリメント。

栄養のバランスを考えながら食事をすればよいのでしょうけれども、それは少々面倒くさいので、サプリメントで代用するのです。こうすれば自然と身体にパワーがみなぎってきて、ダラダラしなくなります。

デンマーク・オールボー大学のアーネルト・ハンセン氏は、コペンハーゲン・マラソンに参加するアマチュアランナーにお願いし、片方のグループには、マラソン前に好きなものを食べてもらい、一方のグループには、栄養学に基づいたエネルギーのタブレットを飲んでもらいました。

このタブレットには、1粒あたり20グラムのマルトデキストリンとグルコース、0・02グラムのナトリウム、0・03グラムのカフェインが入っています。

大会が終わったところでタイムをみてみると、好きなものを食べてもらったグループは平均3時間49分26秒で、きちんと栄養をとってもらったグループでは平均3時間38分31秒という結果になりました。きちんとした栄養をとっておくと、パワーが出るのか、タイムも速くなることがわかりますね。

しっかりと栄養をとっていないのに、「やる気だけ出そう！」と思っても、これはムリですよ。エネルギー不足なら、やる気が出なくて、ダラダラしてしまうのも当たり前といえば当たり前のことです。

ダラダラぐせのある人には、だいたい共通して「偏食である」という特徴がみられるのですが、必要な栄養をとっていなければ、ダラダラしてしまうのもしかたないのかな、という気がします。

普段、自分がどんなものを食べているのか、必要な栄養は足りているのか、そういうこともちょっと考えてみてください。「なんだ、私がダラダラしちゃうのは、単純に食事に問題があっただけなのか！」ということに気づけるかもしれませんよ。

リセット方法 04

ブドウ糖をとる

必要な栄養をとっていないと、やる気が出ませんというお話をしました。

これに関連してもう一つお話をしておきますと、意思力や精神力のようなやる気に関係している栄養素は、グルコース（ブドウ糖）です。私たちがやる気を出すにはエネルギーが必要ですが、そのエネルギーは、グルコースによって生まれるのです。

したがって、「どうにもやる気が出なくて、ダラダラしちゃうんだよねえ」という人は、ブドウ糖を多く含んだ、ブドウやバナナ、はちみつなどを積極的に食べてみてください。「あら、不思議、なんだかやる気が出てきたぞ！」という気持ちになれることを保証します。

アメリカ・オハイオ州立大学のブラッド・ブッシュマン氏によると、グルコースが足りていない人は、自分の感情をうまくコントロールできなくなる、と述べています。感情をコントロールするにはエネルギーが必要なのですが、そのエネルギーの源はグルコースですから。

グルコースが足りていれば、私たちは、やりたくもないことでもけっこう何とかこなせるものです。

昔から、「疲れたときには甘いものを食べるとよい」といわれているのは、本当のことだったのです。いまいち気分が乗らないときには、何か甘いものを口に入れることです。

「そうはいっても、甘いものを食べていると、太ってしまいますよね?」という心配をする人もいるでしょうね。

たしかに、そんなに甘いものばかり食べていたら、肥満になってしまいそうです。

では、こうしてください、ブドウ糖を含んだ飲み物を口に入れ、うがいだけをして、もったいないかもしれませんが、吐き出すのです。

アメリカ・ジョージア大学のマシュー・サンダース氏は、精神的に非常に疲れる作業（文章を読んで、単語に含まれる「e」というアルファベットだけを線で消していく）をやらせてから、砂糖を含んだレモネードでうがいをさせると、疲れがとれて、次にやらせた同じように疲れる作業がスイスイできるようになった、という報告をしています。

サンダース氏によると、うがいをさせるだけなので、グルコースは体内に吸収されていないはずなのに、グルコースを摂取したときと同じ脳の部位（前帯状皮質や線条体など）が活性化して、やる気が出るのだそうです。私たちの脳は、意外にだまされやすいのですね。

ともあれ、疲れたときには、ちょっとだけ休憩して、甘いものでも食べてみるのもいいかもしれません。エネルギーをとらないのに、そんなに長く頑張ることはできません。当たり前の話ですが、適度にエネルギーを補充するのを忘れずに。

ダラダラの原因

05

太りすぎ

「ちょっと最近、おなかまわりが気になってきたな……」という人は、絶対にダイエットをするべきです。肥満だと、フットワークが重くなり、キビキビと動けなくなってしまうからです。ダラダラしてしまうのは、太りすぎ、という可能性が高いです。

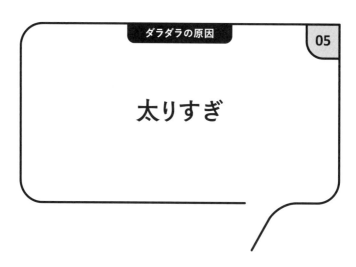

適正体重よりも5キロ重い人がいるとしましょう。その人は、たえず5キロの重りを身体につけて動いているようなものです。これでは、フットワークも軽く、ホイホイ動こうという気になりませんよね。何をするのもおっくうに感じて、なるべく動かないことを選択してしまうのではないでしょうか。

その点、ダイエットをして体重を落とせば、身体に余分な重りをつけていない状態なので、軽やかに動くことができます。そして、身体が軽くなると、心も軽くなるのですよ。心が軽くなるので、陽気な気分になり、キビキビ動くことができるのです。

アメリカ・リチャード・ストックトン大学のデビッド・レスター氏は、70人の肥満者についての調査を行い、そのうちの32％がひどい抑うつに悩んでおり、23％が自殺企図も高いことを突き止めています。

肥満になると、陰気な気分がつづき、人のやる気を奪います。

このような状態で、ホイホイと作業を片づけるのはムリですよ。

ちょっと肥満だなと感じる人は、気分転換がどうとか、ポジティブ思考がどうの、というよりも、まずは痩せることを考えてみてください。自分の陰気な気分は、余分な脂肪がもたらしているのだと考えるのです。

体重が減るたび、「これで、私の心のネガティブな部分も少し消えた」と思うといいですよ。そのほうがダイエットの励みになりますから。

自分に肥満という自覚があるのなら、運動をする習慣をつけましょう。運動をすると、てきめんに気分が上向きになります。

アメリカ・ＹＭＣＡのジェームズ・アネッシー氏は、地域のウェルネス・センターで肥満者を募り、ウォーキング、ランニング、エアロバイクなどの運動プログラムに参加してもらいました。コーチもきちんとついて、しかも参加が無料だったので、参加者にとってはうれしい実験です。

運動を始めてから20週間後、実験前と比べると、運動をつづけていた人たちは、疲労を感じにくくなり、抑うつ的でなくなり、イライラすることもなくなりました。

身体が軽くなってくると、心も晴れ晴れするという結果ですね。

だいたい男性でも女性でも、中年以降になると太り始めますが、その頃にはちょうど気分の変調も多くなるのですよね。気分が乗らないのは、肥満が原因です。頑張ってダイエットすれば、気分の変調にも悩まされなくなります。

ダラダラの原因

06

手間が多いと、面倒くさい

何かに取り組もうとしても、そのための手間がかかると、人は面倒くさいのでやる気になりません。ダラダラしてしまうのは、ひょっとすると「手間が多い」ことも関係しているかもしれません。

仕事が終わったときには、机の上をきれいに片づけて、資料などもキャビネットにきちんとしまおうとする人がいます。

けれども、翌日にまた同じ資料をキャビネットから出してきて作業をするのなら、いっそのこと「机に出したまま」にしておいたほうが、翌日にすぐに仕事に入ることができます。いちいちファイルや資料を出してこないといけないと思うと、面倒だからです。

ギターを学ぼうという人は、ギターを出したままにして部屋に置いておいたほうが、気が向いたときにすぐに練習ができますよね。いちいちギターケースに入れて、タンスの中にしまっておくほうが面倒です。こういう「ほんのちょっとの手間」があると、面倒くさくなって、練習すること自体をやめてしまうこともあるのです。「手間をなくしておく」のはいいアイデアですよ。

そうすれば、行動をスタートするハードルが下がって、意外にすんなりとできることが少なくありません。

私の自宅には、あちこちにメモ帳とエンピツが置いてあります。トイレや玄関、枕元にもあります。アイデアが浮かんだとき、さっとメモをとるためです。すぐそばにメモ帳があれば、メモをとるのも面倒くさくないので、簡単に行動を起こせます。

これがもし、ほんの少しのメモをとるために、いちいち書斎に出向いてパソコンを立ち上げ、起動するまでに30秒くらい待たなければならないとすると、その手間が面倒くさいので、「メモをとらなくてもいいや」という気持ちになってしまうかもしれません。

ちなみに、メモをとるときには、パソコンよりも手書きのほうがいいというデータもあります。

アメリカ・プリンストン大学のパム・ミューラー氏は、講義を受けるときにパソコンでメモをとらせるのか、それともノートに手書きでメモをとらせるのかを比較する実験をしてみたのですが、手書きでメモをとらせたほうが、講義の内容の理解がはるかに深くなった、という報告をしています。

パソコンでメモをとるより、手書きのほうが頭に残りやすいので、その点でも、手間のかからない手書きのほうが、私には合っています。

一つでも、二つでも、手間が少なくなったほうが、それだけ行動をスタートするのもラクになりますからね。

リセット方法 07

自分におかしなレッテルを貼らない

ダラダラしがちな人は、自分がダラダラしていることに気づいています。

「私は、ものすごく腰が重いタイプ」

「僕は、仕事にとりかかるのがいつも遅い」

「ウサギとカメでいうと、私は絶対にカメ」

だいたい、このような自己評価をしているわけですが、こうしたネガティブな自己評価をしているがゆえに、いつまでもダラダラぐせが直せないのです。

私たちは、自分にどんなレッテルを貼るかによって影響を受けてしまうためです。これを心理学では、「レッテル効果」(ラベリング効果)と呼んでいます。

アメリカ・ペンシルベニア大学のロバート・

クラウト氏は、コネチカット州ニューヘイブンの500世帯を2回訪れて、レッテル効果の検証を行っています。

1回目に訪問するとき、女性アシスタントが、自分は心臓病に悩む人のための慈善団体で働いている人間であるというお話をし、半数の人には「あなたはきちんと話を聞いてくれて、とても寛大な人ですね」と告げました。「寛大な人」というレッテルを貼ったのです。残りの半数の人には、そういうレッテル貼りをしませんでした。

それから1、2週間後、今度は男性アシスタントが出向いて、「身障者のための募金をお願いできませんか?」とお願いしてみました。すると、前回、「寛大な人」というレッテルを貼られたグループでは62%が快く募金に応じてくれました。レッテルを貼られなかったグループでは47%しか応じてくれませんでした。

私たちは、自分にどんなレッテルが貼られるのかによって、行動を変えます。無意識のうちにレッテル通りに行動しようとするのです。

まずは自分におかしなレッテルを貼るのをやめましょう。

かりに「私はダラダラしてしまうタイプ」だとしても、「いったんやる気になれば、とんでもなく早いタイプ」というように、好ましいレッテルを自分に貼るようにするのです。

家事をするのが面倒くさいと思っても、「いったん始めたら、すごく手早い」というレッテルを貼るようにすると、少しずつ自己変化が起きて、そんなに面倒くさいとも感じなくなっていくでしょう。

「私は、頭がいい」と思っていると、レッテル効果によって、本当に頭がよくなりますし、「私は、おばかさんで、物覚えが悪い」と思っていると、本当に何も覚えられなくなっていきます。

ダラダラぐせも同じで、おかしな自己評価をしていると、いつまでたってもダラダラぐせは直せません。

まずは自分のレッテルを変えるところから始めてみてください。

リセット方法 08

完璧にやろうとしない

物事を一から十まで完璧にやろうとすると、ものすごく精神的な重圧を感じることになります。

そして、精神的な重圧を感じると、すぐにとりかかろうという気持ちにはなりません。「おろそかにはできない」と思うと、人間は動けなくなるのです。

アメリカ・カトーバ大学のシェイラ・ブラウンロウ氏によると、性格が完璧主義的であればあるほど、行動を遅らせる傾向が確認されました。完璧主義の人は、「今すぐでなく、あとでやろう」という思考をとりがちなのです。

というわけで、ホイホイと動ける人間になりたいのなら、完璧主義になりすぎないことがポイントになります。ちょっとだけいいかげんな人間になりましょう。

仕事をスタートするとき、「絶対に100点満点をとらなければ！」などと思うと、気軽に作業ができません。その点、「まあ、70点……、いや、60点でもいいか」と気楽な状態で臨めば、さっさと作業にとりかかることができます。

よほどのきれい好きなら別でしょうが、たいていの人は、掃除をするのがあまり好きではありませんよね。面倒くさいので。

しかしながら、部屋中をピカピカにし、ちり一つないような状態になるまで完璧に掃除しようとするのではなく、「表面だけ軽く拭いておけばＯＫ」という、ものすごくいいかげんな掃除でもよいのなら、だれでもできるようになるのではないでしょうか。いいかげんでよいのなら、毎日だって掃除ができます。

完璧さを求めると、ただ苦しいと感じるだけで、益はありません。ですから、期待値をぐっと最低レベルにまで下げてしまいましょう。掃除でいえば、表面をさっと拭くだけでも、やらないよりはマシだ、と考えるようにするのです。期待値が低くなれば、簡単に行動を起こせますよ。

さすがに仕事の場合には、そこまで手を抜くと上司に怒られてしまいますが、100点満点でなく、60点でも十分に合格点だと考えるようにすれば、作業にとりかかるのがそれほど苦になりません。

もし自分に完璧主義である、という自覚があるのなら、「少しくらいはアバウトでもよい」ということを自分に許してあげましょう。少しくらい自分を甘やかしてあげないと、腰が重くなって、行動ができなくなってしまいますから。

フットワークが軽くて、ホイホイと行動している人をよく観察してみてください。その人はいつでも100点をとろうとしているでしょうか。いえいえ、決してそんなことはなく、ちょっと雑なところもあったりするのではないでしょうか。

おそらくは、「アバウトでいい」と本人もある程度は割りきっているので、フットワークが軽くていられるのでしょう。

リセット方法 09

失敗を過度に恐れない

アメリカの発明家トーマス・エジソンは、白熱電球を発明するときに1万回の失敗をしたことはよく知られています。普通、1万回も失敗すると、気分がへこんで、モチベーションを維持するのも難しいと思うのですが、エジソンはまったく失敗を気にしないタイプでした。だから、失敗しても、「さあ、次！」と新しい試みをすることができたのです。

エジソンは、1万回の失敗について記者に質問されたときにも、「失敗？ 僕は失敗なんかしていないよ。違うやり方がいいということを1万回突き止めただけなんだ」と笑って答えたそうです。

失敗を過度に恐れる人は、行動ができなくなりますので気をつけてください。

アメリカ・ウィスコンシン大学のトッド・ジャクソン氏は、物事を楽観的に考える人のほうが、ダラダラしないことを確認しています。

「まあ、何とかなるだろう」

「たぶん、大丈夫だ」

このように明るく考えて行動を起こすことが重要です。

根拠などなくとも、「何となくうまくいく予感がする」と思っていたほうが、行動を起こすことに躊躇《ちゅうちょ》しませんから。

ちなみに、「失敗しても命までとられるわけではない」とか「失敗しても人生が終わるわけではない」と考えるのが楽観的になるコツです。江戸時代なら、大きな失敗をしたら、切腹をさせられてしまったかもしれませんが、現代ではそんなことは絶対にありません。失敗しても、殺されるようなことはないのですよ。ですから、安心してチャレンジしてよいのです。

「失敗しても大丈夫」だと思っていると、心も落ち着きますし、安心して取り組むことができます。失敗したときにも、すぐに立ち上がることができます。「まあ、次に頑張ろう」とさっと気分を切り替えられるのです。

プロ野球の打者で考えてみてください。一流の打者でも、打率が3割を超えるということはあまりありません。ということは、10回のうち7回以上は、ホームランはおろかヒットも打てずに、凡ミスしているわけです。圧倒的に失敗していることのほうが多いのです。

ですから、みなさんも、プロ野球の打者と同じように「10回中2回うまくいけば大成功」という考え方をしてみるのもいいですね。そういう思考をとっていたほうが、気分も落ち込みません。

リセット方法 10

他人の評価も気にしない

　私たちは、自分がだれかに評価されると思うと、どうしても行動できなくなります。人前でスピーチしなければならなくなったり、仕事ぶりが勤務評定されたりすると思えば、身がすくんで動けなくなってしまうのもしかたがない、という面はありますが。

　アメリカ・ラバーン大学のグォック・ブイ氏は、「私立大学と、公立大学の教育のそれぞれの長所と短所を論ぜよ」というリポート課題を大学生に与えました。

　その際、半数の人には、「みなさんのリポートからランダムに学生を選んで、後日、高校生の前で読み上げてもらうことにする」と伝えました。学生にとっては、かなりの恐怖ですよね。

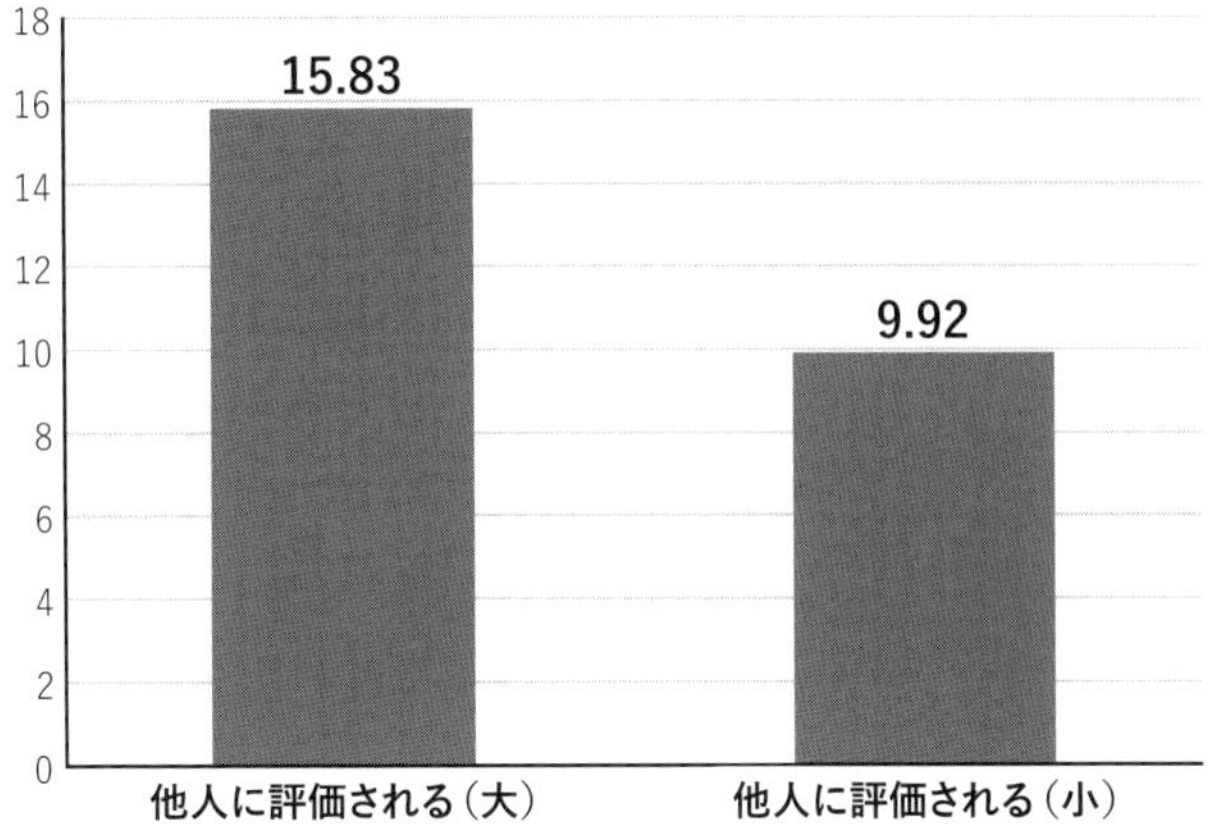

＊数値は提出にかかった日数

（出典：Bui, N. H. 2007より）

残りの半数の人には、「いくつかのエッセイは、後日、学生新聞に載せる」と伝えました。こちらも他者に見られるわけですが、そんなに脅威でもありません。

では、学生たちはどれくらいで課題を提出できたのでしょうか。

上記のグラフから、他者に評価されるというプレッシャーがあると、行動が遅れてしまうことがよくわかる結果です。

したがって行動をスピーディーにするコツは、「どんなふうに評価されたって、私はちっとも気にしないもんね」と開き直った気持ちでいることです。

COLUMN 1

あまり悩まず、とりあえずお願いしてみる

人に何かをお願いしなければならないとき、「どうせ断られるだろうな」と思っていると、いつまでたってもお願いできないまま、時間をムダにすることになります。

ダラダラしてしまう人は、他人の善意をそんなに信じていない、という傾向があります。助けてほしいとか、手伝ってほしいときにも、他の人は助けてくれないと勝手に思い込み、行動をためらってしまうのです。

しかし、実際のところ、世の中はそんなに悪人ばかりではありませんよ。

ごく普通にお願いしてみれば、わりとすんなり「いいよ」と言ってもらえるものです。ですから、ウジウジと悩んでいるくらいなら、いっそのこと、さっさとお願いしてしまったほうがいいのです。そのほうがうまくいきます。

アメリカ・コロンビア大学のフランシス・フリン氏は、大学生たちに「知らない人に、10 分程度かかるアンケートを頼んできてほしい。さて、5 人のノルマを達成するために、あなたは何人に声をかけなければならないと思うか?」と聞いてみました。

すると、学生は平均して「20.5 人」と答えました。5 人の回答を得るのに、20 人くらいにはお願いしなければならないだろう、と見積もったのです。

ところが実際にやらせてみると、平均 10.5 人に声をかけたところでノルマを達成できました。

さらにフリン氏は、第 2 実験を行いました。今度は、「携帯電話を忘れてしまったのだが、電話をかけたいので、あなたの携帯電話をちょっと貸してもらえないか、とお願いしてきてほしい。3 人のノルマを達成するのに、何人に声をかけなければならないと思うか?」と聞いてみました。

今度の学生の見積もりは、平均 10.1 人でしたが、実際には 6.2 人でノルマが達成できたのです。

さらにフリン氏は、「離れた場所に道案内をお願いして、そこまで一緒に連れていってくれる人を見つけてほしい。ノルマは 1 人」という質問をしたところ、学生は平均 7.2 人に声をかければ 1 人は見つかるだろうと予想しましたが、実際にやってもらうと、平均 2.3 人でノルマを達成できました。

これらの実験でわかる通り、私たちは、他人の善意をかなり低く見積もっているものですが、世の中には、そんなに悪人はいません。ごくごく普通にお願いしてみれば、たいていのことは「いいよ」と言ってもらえるものなのです。

人に協力を求めるときには、グズグズしていないで、さっさとお願いしてみてください。「あれっ?　こんなに簡単に?」と拍子抜けしてしまうほど、相手は快く応じてくれるものですよ。

2章

ダラダラぐせを矯正し、新しい自分に生まれ変わる

リセット方法

11

朝型人間になる

ダラダラしがちな人の多くが、「夜型人間」というデータがあります。

アメリカ・ロヨラ大学のブライアン・ヘス氏は、107人の大学生を朝型人間と夜型人間にわけ、両者の比較をすると、夜型人間のほうが「ダラダラしがちで、成績もよくない」という結果を得ています。

普段から、何となくダラダラしてしまう、という人は夜型人間だから、という可能性が高いですね。

こういう人は、なるべく早く生活習慣を変えて、できるだけ朝型人間になるといいですよ。そのほうがダラダラせずにすみます。

朝型人間に生まれ変わるのは、そんなに難しくありません。ついつい夜更かしをしてしまう人は、30分くらいずつ床につく時間を早めていけばいいのです。最初の数日は少しつらいと感じるかもしれませんが、そのうちに慣れます。

朝型か夜型かということについては、自分の性格を変えることに比べれば、はるかにたやすくできます。性格を変えるにはものすごく時間がかかりますが、寝る時間を早くすることは、そんなに苦労もしません。

まずはだまされたと思って、早寝早起きの習慣を身につけてください。

朝早く起きると、不思議なもので、ダラダラしなくなるのです。早起きをすると、気分が引き締まるというか、ものすごく身体の調子がよく感じるので、仕事などもホイホイと片づけることができるようになります。

実を言うと、私はずっと夜型人間でした。「夜のほうが、仕事がはかどる」と自分で思い込んでいたのですが、これは単なる思い込みでしたね。というのも、朝型人間になったら、さらに仕事がはかどるようになりましたから。

早寝早起きをしている人で、ダラダラしている人というのは、あまりお目にかかりません。みなさんもそうでしょう。みなさんの知り合いのうち、早起きの人を思い浮かべてください。きっと、ものすごくバイタリティーに溢《あふ》れていて、エネルギッシュな人ばかりではないでしょうか。

逆に、毎日のように夜更かしをしている人はどうでしょう。こういう人は、何となくやる気がなさそうな顔をして、ダラダラしている人が多いのではないでしょうか。

「ダラダラしてしまう」というのは、意思力が弱いとか、性格の問題ではありません。行動パターンの問題です。そして、行動パターンを夜型から朝型にスイッチすると、ダラダラぐせも自然に直すことができるのです。

リセット方法 12

週末も仕事をする

仕事とプライベートのバランスをとることは重要です。しっかり働くだけでなく、しっかりと休憩をとる。そうやってバランスをとるからこそ、人生は充実することは言うまでもありません。

とはいうものの、週末だからといって、思いきりハメをはずして、遊びまわっていいのかというと、そうとも言いきれません。

かくいう私は、週末でも少しだけ仕事をしています。さすがに平日ほどではありませんが、それでも数時間は仕事をしているのです。なぜかというと、そのほうがラクだから。週末だからといって遊びすぎると、かえって翌日の月曜がものすごく負担に感じるのです。

週末だからといって夜更かしすると、体内のリズムが崩れます。そしていったんリズムが崩れると、元に戻すのにとても苦労します。したがって、月曜日が余計にきつく感じられてしまうのです。

月曜日にモチベーションがあがらず、ダラダラするくらいなら、週末にも平日となるべく同じような生活リズムをしていたほうがいいでしょう。

オーストラリア・アデレード大学のアマンダ・タイラー氏は、16人の実験参加者を2つのグループにわけ、片方のグループには週末にも平日と同じ時間に眠ってもらう条件を設定。もう一方のグループには3時間の夜更かしをしてもらう条件を設定して、月曜日の調子を調べてみました。

その結果、3時間の夜更かしをすると、翌日の月曜には、おかしな時間に眠くなったり、疲労を感じやすくなったりすることがわかりました。

「週末だから、徹夜でゲームをするか！」

「週末だから、朝まで飲みあかすか！」

そんなことをしているから、月曜にダラダラすることになるのですよ。

ダラダラする人には、「ハメをはずしすぎてしまう」という特徴があるといってもよいでしょう。

気晴らしをするにしても、ほどほどにしておくというか、節度を守ることはとても大切です。平日だとか、週末だとか、そういうことに関係なく、毎日、同じようなリズムで生活していたほうが、気分の変調もなくなるので、かえって心理的にとても安定していられるので望ましいと思うのですが、いかがでしょうか。

ダラダラしがちな人は、生活のリズムを一定に保つことを考えてみるとよいですよ。

生活のリズムが狂ってしまうと、精神的にも、身体的にもものすごく疲れっぽくなってしまい、やる気も出せなくなってしまいますからね。

リセット方法 13

冬にダラダラするのは当たり前と割りきる

冬になると、気だるく感じて、腰が重くなることはありませんか。いったんこたつに入ると、トイレに行くことさえ面倒に感じてしまったり、お風呂に入る時間なのに、ダラダラとテレビを見つづけてしまったり。

だれでも冬になるとこういう状態になるのですが、これは人間が進化するうえで適応的に身につけてきた本能のようなものなので、どうにもなりません。逆に言うと、冬にダラダラしてしまうのは、何の心配もいらない、ということです。

「季節性感情障害」（ＳＡＤ）という言葉を聞いたことはないでしょうか。**「冬季うつ」という言葉も同じような意味なのですが、秋から冬**

になると、人間はどうもやる気が出なくなってしまうのです。

カナダ・ヨーク大学のキャロリン・デイビス氏によると、これは遺伝子的にプログラムされている自然な現象らしいですよ。

今でこそ、冬にも食べ物には困りませんが、昔は、そうではありませんでした。冬にはどうしても食料が乏しくなるので、こんな季節にはなるべく身体を動かさず、エネルギーを保存するようにしていた人間のほうが、生き延びる可能性が高かったのです。

そのため、私たちは、冬には抑うつ的になって、余分な活動をしないように遺伝子がブレーキをかけるように進化したのだ、というのがデイビス氏の説明です。

ちょうど、冬になるとクマが冬眠するのと一緒ですね。冬に元気に動きまわっていると食料もなくて死んでしまうので、なるべく動かないようにする戦略です。人間にも同じようなところがあるのです。

というわけで、冬にダラダラしてしまうのは、人間がそういう進化をしてきたからなのであって、病気でも何でもありません。そういうメカニズムを知っておくと、あまり心配せずにすみますね。

私の場合には、どうせ冬にはそんなにパワーが出せなくなるのを知っているので、冬場にはなるべく仕事をしないですむよう、夏から秋にかけて精力的に仕事をこなすようにしています。アリとキリギリス作戦です。

冬の仕事を夏のうちに終わらせてしまえば、冬には比較的のんびりしていても、何の支障もありません。


元気が出る季節に、できるだけ仕事の貯金をしておきましょう。そうすれば、いざ冬になってパワーが出なくなっても、そんなに困ることもありません。人間は、一年365日、同じペースで仕事ができるのかというと、そういうわけにはいかないので、うまくいかなくなることも見越して、元気なうちに精力的に仕事をこなしておくのもいいアイデアです。

ダラダラの原因 14

自分が悪いのではなく、会社のポリシーが悪い

ダラダラしてしまうのは、自分が悪いのではなく、会社が悪い、という可能性があります。私は、あまり他人に責任をなすりつけることが好きではなく、自助努力でどんな現状をも切り開いていく姿勢を重視しているのですが、そうはいっても会社が悪い、ということも可能性として十分に考えられます。

特に関係しているのが、会社のポリシー。

会社の基本的な理念というか、ポリシーがあまりに抽象的なものですと、そこで働く従業員はいまいち気分が乗らなくなってしまうことが知られているのですよね。仕事をすることに意味が見いだせないと、モチベーションも上がらないのです。

アメリカ・ペンシルベニア大学のアンドリュー・カートン氏は、151の病院について、その病院が掲げているポリシー（ビジョン）と、スタッフの仕事ぶりについての調査を行いました。

会社のポリシーは、大きく2つの群にわけました。抽象的なポリシーと、具体的なポリシーです。それぞれの例は、次のような感じです。

抽象的なポリシー

「すべての患者に最高の医療を！」

具体的なポリシー

「『あの病院は最高だった！』とすべての患者が友人に話したくなるような医療」

さて、それぞれの病院で働くスタッフについて調べたところ、具体的なポリシーを掲げている病院で勤務するスタッフのほうが、張りきって仕事をしてくれることがわかりました。また、そういう病院のほうが、患者からのウケもよく、満足度も高かったそうです。

みなさんが勤めている会社では、どんなポリシーが掲げられているでしょうか。あまりに漠然としているというか、抽象的すぎるポリシーですと、ひょっとしたら、それが原因で、ダラダラしてしまっている可能性がありますよ。

私たちは、具体的な目標を掲げてもらえないと、やる気も出ないのです。抽象的な目標には人を動かす力はありませんから。

とはいえ、「私が悪いんじゃない、会社のポリシーが悪いんだ」と責任を転嫁するのも、あまり感心できません。

実際、会社が悪いということがかりに正しかったとしても、それでもやはりダラダラしていてよい、ということにはなりません。本書を読んで、いろいろと自分なりにダラダラしない工夫をこらしてみてください。

ダラダラの原因

15

職場の人たちがダラダラしているのでは?

私は責任転嫁があまり好きではありませんが、もう一つだけ指摘させてください。それは「職場の雰囲気」です。もし職場の人たちが、そろってダラダラしているようなら、自分一人だけテキパキと行動するのは難しいでしょう。というのも、私たちは、一緒に働く人によって影響を受けてしまうからです。

職場にダラダラしている人がいると、周囲の人たちも同じようにダラダラしはじめます。

心理学では、この現象を「感染効果」と呼んでいます。自分でも気がつかないうちに、私たちは周囲の人と同じ感情、同じ行動をとるようになってしまうのです。

もしみなさんがダラダラしているのなら、その原因は、上司、先輩、あるいは同僚がダラダラしているからかもしれません。
私たちの気分が他人によって影響されてしまうことを示す研究を紹介しましょう。

アメリカ・カリフォルニア州立大学ロングビーチ校のトーマス・サイ氏は、3人から5人で一つのグループをつくらせ、力を合わせてテントを組み立てるという実験をしてみたことがあります。

ただし、何人かのグループのリーダーには、事前にテレビのユーモア番組を見てもらい、楽しい気分にさせました。別のリーダーには、何の変哲もないドキュメンタリー番組を見てもらいました。こちらは比較のための条件（コントロール条件）ですね。

さて、テントの組み立て作業をしている場面を観察してみると、とても興味深いことがわかりました。

事前にユーモア番組を見て、楽しい気分になったリーダーに率いられるグループのメンバーは、リーダーのムードが感染したのか、お互いに笑いながら協力しあって作業をしたのです。

楽しい気分は、メンバーにも感染したのです。

この研究でわかる通り、私たちの心理というものは他者の影響を受けます。自分がダラダラしてしまうのは、「そういう人たちばかりの職場だから」ということも大いに考えられるのです。

転職をした経験がある人なら、この現象を体験しているかもしれません。

元の職場ではみんながダラダラしていたのに、新しい職場に移り、みんながキビキビ作業をしているとキビキビと行動できる自分になっているのに気づかされます。

逆のパターンとして、それまでキビキビと働いていた人が、転職したことによって職場の雰囲気が変わり、ダラダラしはじめてしまうこともあるでしょうね。

もしダラダラ人間から、キビキビ人間に生まれ変わりたいのなら、キビキビと働く人と友達になるといいですよ。一秒も時間をムダにせず、毎日充実した生活を送っているような人と付き合うようにするのです。そうすれば、その人からの好ましい感染効果が働いて、みなさんもキビキビした人間になっていくでしょう。

リセット方法 16

デフォルトを変える

あらかじめ設定されている標準の設定のことを「デフォルト」といいます。パソコンの初期設定、初期値などがデフォルト。

ダラダラしている人は、自分が行動するときの「心のデフォルト」の設定が間違えています。

たとえば、ビジネスメールが来たとき、「あとで時間があるときに返信すればいいや」というデフォルト設定をしているから、大切なメールに対して返信を忘れてしまったりするのです。

もし自分の心のデフォルトを変えて、「メールは、内容を確認したら、すぐに、その場で返信する」という設定にしておけば、返信し忘れることはありません。

ダラダラしている人は、いろいろな心のデ

フォルトの設定を間違えているのです。一度、自分がどんなデフォルト設定をしているのか、総点検してみることをおすすめします。

ちなみに、ソフトバンク創業者の孫正義さんは、「48時間デフォルト制」を採用しているそうです。孫さんは、毎日たくさんの稟議《りんぎ》書に目を通さなくてはなりませんが、48時間以内に「イエス」か「ノー」かを判断して答えなければならず、かりに48時間以内に意思表示しなかった場合には、自動的に「イエス」となるシステムで仕事をしているといいます。これはうまいやり方ですね。

デフォルトを変えると、私たちの行動は大きく変わります。

どんな初期設定をするかは、ものすごく重要なのです。

アメリカでは、「臓器提供はよいことだ」と考える人が85%もいるのに、実際に臓器提供のサインをしてくれる人は、かなり少数です。日本もそうです。

ところが他の国に目を向けてみると、フランスでは99・91%の国民がドナー登録していますし、ハンガリーでは99・97%、ポーランドでは99・50%。ほぼ100%ですよ。いったい、これはどうしてなのでしょうか。

答えを言うと、デフォルトの違い。

アメリカや日本では、自分から「臓器提供に関する意思」を積極的に示さないと、ドナー登録がなされないのですが、フランスやハンガリーでは、「臓器提供はしません」というサインをしないと、無条件で「臓器提供の意思あり」と見なされるのです。

もしデフォルトの設定を変えれば、ドナーの数はあっという間に増えるはずだ、とアメリカ・コロンビア大学のエリック・ジョンソン氏は指摘しています。どんな初期設定をするかによって、人の行動は大きく変わるからです。

デフォルトがゆるくなっていると、どうしてもダラダラしてしまいます。

したがって、あらゆる行動のデフォルトを総点検し、デフォルトを変えてみてください。

「夕方の5時までに仕事を終える」というデフォルトでなく、「夕方の4時までにはその日の仕事を終え、その後の時間は翌日の準備にあてる」といったデフォルト設定にすれば、仕事の能率もあがりますし、ダラダラしないようになりますよ。

リセット方法

17

不安が高い人におすすめの方法

やるつもりはあるのに、うまくいくかどうかが不安で、なかなか行動を起こせない、というタイプの人もいるでしょう。不安が高いため、迷いに迷ってしまう。結果として無意味に時間をつぶしてしまうわけですが、こういうタイプのダラダラをどうにかする方法はないものでしょうか。

もちろん、あります。

その方法とは、ジンクスを持つこと。

「○○すれば、大丈夫」というジンクスを一つ持っておくと、不安を一掃することができ、迷いがなくなってすぐに行動できるようになるかもしれません。

ジンクスを使うというやり方は、プロのス

ポーツ選手も利用しています。

オランダ・エラスムス・ロッテルダム大学のマイケラ・シッパーズ氏は、サッカー、バレーボール、アイスホッケーのトップ選手197人を対象にして、「大切な試合前に、何らかのジンクス行動をとっていますか？」と尋ねてみました。すると、80・3％がジンクス行動をとっていることがわかったのです。

また、シッパーズ氏はどんなときにジンクスに頼りたくなるのかも尋ねてみたのですが、「相手が格上」のときにその気持ちが強まることも判明しました。相手が格上のときには、いつも以上に不安が高まりますから、こんなときにはジンクスが有効なのでしょう。

ジンクスというのは、迷信行動ですから、科学的な根拠があるわけではありません。

しかし、どんな行動であっても、「さあ、これで私は大丈夫だ！」と思い込むことができ、不安も打ち消すことができれば、万々歳ですよね。

ぜひみなさんも、自分なりのジンクスを持ってみてください。

クヨクヨと迷うことがあったら、お風呂に入って熱いシャワーを浴びるとか、かつ丼を食べるとか、瞑想をするとか、どんな行動でもよいと思います。なお、シッパーズ氏の研究では、一番多いジンクス行動は、「何か特別なものを食べる」でした。１９７人中66人が、このジンクスを持っていたそうです。

不安な気持ちがあると、どうしても気持ちが前に進んでいきません。

こんなときには、とにかく不安を払拭しないと、一歩も進めずに無意味に時間を浪費することになってしまいます。

不安によってダラダラしてしまう人は、ジンクスによって不安を取り除きましょう。

迷ったときには、サイコロに決めてもらう、というジンクスもいいですね。

「奇数が出たら、○○することにする」と決めてしまうのです。運を天にまかせることになりますが、自分で決められないのなら、いっそのことサイコロに決めてもらったほうが、あれこれと悩まずにすみます。

リセット方法 18

「自分ならうまくいく」と暗示をかけてしまう

不安な人が行動をためらってしまうのは、「うまくいかない」と思い込んでいるからです。何をしてもうまくいかないと思っていれば、行動を躊躇《ちゅうちょ》してしまうのもしかたがありません。

こういう人には、自己暗示も効果的です。

「私ならうまくいく」

「絶対に成功する」

などと自己暗示をかけてみるのです。自己暗示をばかばかしいといって切り捨ててしまう人もいますが、自己暗示は数多くの研究でその効果が確認されている、非常に有効な方法です。

ドイツ・ケルン大学のライサン・ダミッシュ氏は、ゴルフ未経験の学生を集めて、1メートルの距離からゴルフのパッティングをさせる、

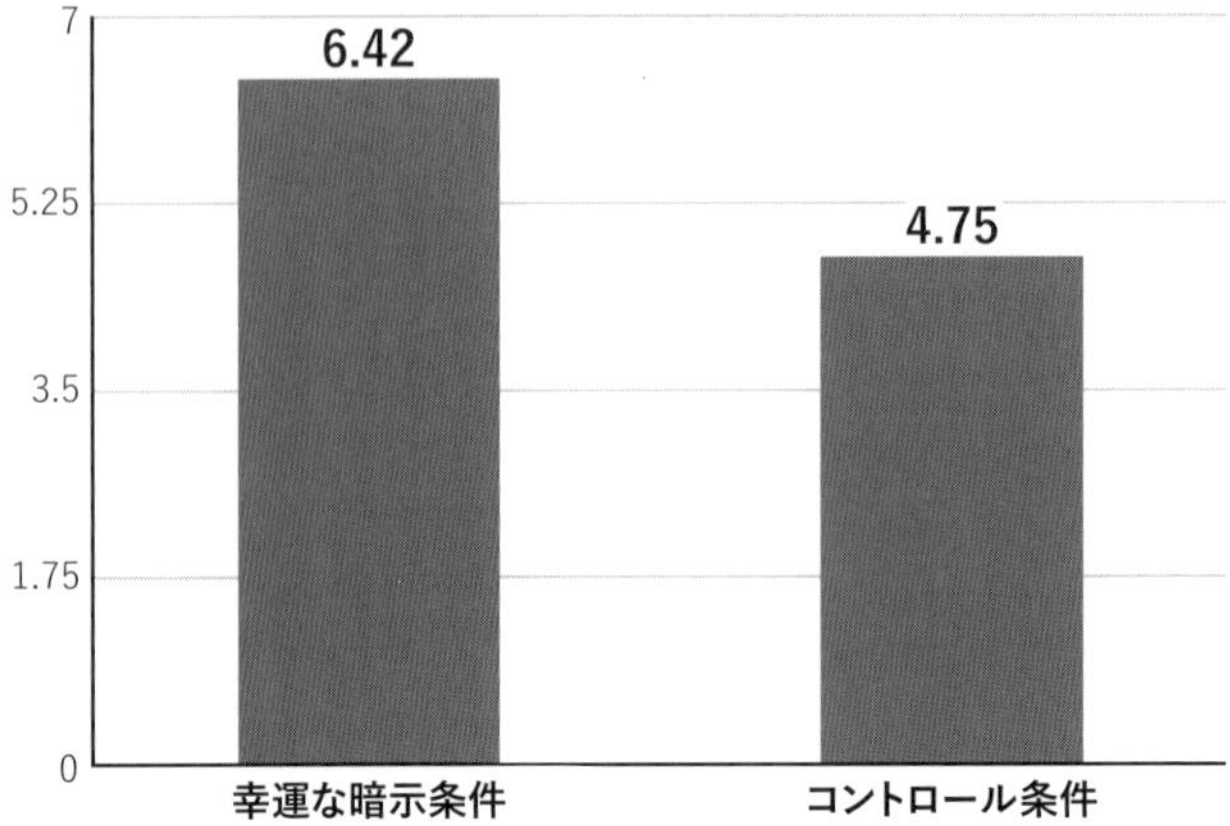

＊数値はカップインした回数
（出典：Damisch, L., et al., 2010より）

という実験をしてみました。

暗示をかけるグループには、ボールを手渡すときに、「このボールは、これまでの参加者にも使ってもらっているんだけど、とてもパッティングが成功しやすい幸運なボールなんだよ」とインチキなことを告げてから渡しました。

比較のための条件（コントロール条件）のグループには、「このボールは、参加者全員が使うボールです」とだけ告げて渡しました。

パッティングは一人10回ずつやってもらい、カップインした回数は上記のグラフのようになりました。

「なるほど、私の使うボールは幸運なボールなんだな」と暗示をかけられたグループのほうが、本当にパッティング能力が向上していることがわかりますね。暗示には、本当に効果があるのです。

不安が強くて、行動をためらってしまっている人は、まず自分に暗示をかけてみてください。先ほど紹介したジンクスも、いってみれば自己暗示です。「○○したら、何でもうまくいく」という暗示を自分にかけてしまえば、躊躇せずに行動することができるようになりますよ。

リセット方法 19

「ありがたい」を口ぐせに

私たちは、気分が落ち込んでいるとき、いわゆる「抑うつ状態」のときには、何もする気が起きません。うつ病にかかった人が、ダラダラしているように見えるのは、そのためです。

うつ病の人に対しては、「おい、辛気くさい顔をしていないで、元気出せよ！」などと励ましてはいけません。本人だって、元気を出したいのです。ところが、気分が落ち込んでしまって、元気を出したくとも出せないのです。

もし抑うつのせいでダラダラしてしまうのであれば、その抑うつ感をどうにかすることを考えましょう。

本当にうつの度合いが大きいときには、すぐに医者に診てもらうことをおすすめしますが、ほんのちょっとした抑うつ程度であれば、本人の心がけで改善させることも難しくありません。

一つの方法は、感謝。

どんなことに対しても、「ありがたい」「ありがたい」と口ぐせのようにつぶやくようにしていると、不思議なことに抑うつ感は抑制されていくのです。

ルーマニア・ティミショアラ大学のボグダン・タルビューレ氏の調査では、何事にも感謝する人のほうが、抑うつになりにくいことが確認されています。

タルビューレ氏はまた、宗教的な人も抑うつになりにくいことを突き止めていますが、その理由は、たいていの宗教では、「感謝の気持ち」が説かれているからです。

朝、起きたときに晴れていたら、「出社するときに濡れずにすむよ、ありがたい、ありがたい」と口に出し、もし雨が降っていても、「農家の人たちが喜ぶだろうな、ありがたい、ありがたい」と、どんな状況でも感謝するようにするのです。

食事のときもそうですね。おかずなどなくとも、「白いごはんが食べられるだけで幸せだ、ありがたい、ありがたい」と言って食べると、本当においしく感じることができますし、幸せな気持ちになります。

人生のすべてに感謝できるようになると、なぜか抑うつになりにくくなります。

おそらく、感謝の気持ちと、抑うつの気持ちというものは両立しないので、ポジティブな感謝の気持ちが前面に出てきて、抑うつ感のほうは相対的に追いやられてしまうからでしょう。

愚痴や不満は、なるべく持たないほうがいいですね。

「どうしてこんなに給料が安いんだ」などと不満を持っていると、気持ちが落ち込んでしまいます。その点、「仕事があるだけでありがたい」と感謝するようにすると、気持ちが前向きになりますし、幸せに生きていくことができます。心が幸せで満たされていると、気持ちも弾みますし、ダラダラしなくなるものです。

リセット方法 20

モデルの人物になりきる

仕事ができる人のことを思い浮かべるだけでも効果的ですが、さらにその本人になりきってしまうのもいいアイデアですね。

「○○さんなら、どのように仕事をするだろう？」ではなく、「私は、○○だ」とモデル（手本）の人物になりきってしまうのです。

ロシア・モスクワ大学のウラジミール・ライコフ氏は、「ロシアの作曲家セルゲイ・ラフマニノフになったつもり」あるいは、「ウィーンの天才バイオリニスト、フリッツ・クライスラーになったつもり」で楽器の演奏をしてもらい、その演奏を専門家に聴かせて得点をつけてもらいました。

すると、ただ演奏をするより、「○○になったつもり」のグループのほうが、はるかに上手に演奏できることがわかったのです。

いやあ、本人の思い込みの力というのは、すごいものですね。

ちなみに、ライコフ氏は、「フランスの数学者アンリ・ポワンカレになったつもり」あるいは、「ロシアの数学者アンドレイ・コルモゴロフになったつもり」で数学の問題を解かせると、やはり得点がアップすることも確認しています。さらには、「アメリカのチェスプレーヤーのポール・モーフィーになったつもり」でチェスをやらせると、チェスの腕前があがってしまうことも突き止めています。

ダラダラと仕事をしている人は、自分で仕事をしようとしているのが問題なのです。

自分ではなく、他の人になりきりましょう。そのほうが、仕事もスイスイこなせるようになりますから。だまされたと思って、仕事ができる人になりきってください。

モデル（手本）のまねをするのはよいことですよ。

昔の人たちは、みなこれをやっていました。今のように、先輩や上司が丁寧に仕事を教えてくれることはなかったので、仕事の技は「見て盗む」しかなかったのです。先輩や師匠がやっていることを見よう見まねでやりながら、手本の人物と自分を重ね合わせながら仕事をすることで技量を磨いたのです。

やる気が出なくて、ついついダラダラしてしまう、という人は、エネルギッシュな人になりきるようにしてみてください。燃える闘魂と呼ばれたアントニオ猪木さんになったつもりになれば、自然と全身に力がみなぎってきて、仕事への取り組みも熱くなるような気がするのですが、どうでしょうか。

ただ何となく仕事を開始するより、「私は○○だ！」「私は○○なんだ！」と10回くらいつぶやいてから始めたほうが、明らかに仕事の能率や生産性も変わってきますよ。

COLUMN 2

ダラダラしている人との付き合いをやめる

カナダ・ブリティッシュコロンビア大学のサンドラ・ロビンソン氏は、20 の企業（製造業、コンサルタント業、不動産業など）の 187 人の社員を対象にした研究を行っています。

ロビンソン氏が調べたのは、仕事をサボったり、手抜きをしたりする個人がいると、それが同じ部署内の他の人にも影響を与えるのかどうか。

調べてみると、まさにその通りのことが起きていました。ダラダラしている人がいると、その周囲の人もどんどんダラダラしていくのです。かごの中に一つの腐ったミカンがあると、他のミカンまで腐っていくのと同じですね。

蛇足ながら、ロビンソン氏によると、会社の備品を盗んだり、他の同僚の悪口を言ったり、嫌がらせをしたりする行動も、やはり他の人に感染していくのだそうです。一人でもおかしな人間がいると、会社全体が悪影響を受けてしまうのです。

付き合う友達はよく選んだほうがいい、というのが人付き合いの極意ですが、本当にそうだと思います。自分に悪い影響を与えそうな人とは、できるだけ距離をとり、できるだけ連絡も減らし、少しずつ自然消滅させることを考えましょう。

付き合うのなら、できるだけバイタリティーがあって、表情が生き生きとしている人がいいですよ。そういう人と付き合うようにしていると、自分もそういう人間になれますからね。

「孟母三遷の教え」という言葉があります。

儒教では、孔子についで重要とされる人に孟子という人物がいます。非常に立派な人だったのですが、本当に立派だったのは孟子ではなく、そのお母さん、すなわち孟母。

孟子は小さな頃に父親を失い、母親一人の手で育てられたのですが、最初に住んでいたのは墓のそば。そのため、孟子は葬式のまねばかりします。

「これではよくない」と思った孟母は、市場の近くに引っ越しをします。ところが今度は、孟子は商人のまねばかりするではありませんか。「やはりここも好ましくない」と思った孟母は、最後に学校の近くに引っ越しをしました。すると孟子は人が変わったように勉強熱心になったというのです。「三遷」というのは、3 回の引っ越しという意味です。

「孟母三遷の教え」というのは、子どもは周囲の影響を受けやすいという意味で使われるのですが、影響を受けるのは、子どもばかりではありません。大人も付き合う人の影響を大きく受けますから、「こいつのそばにいると自分がダメになりそう」というときには、さっさと縁を切ったほうがいいことも覚えておきましょう。

3章

ダラダラ習慣を断ちきる心理法則

リセット方法

21

ライフスタイルを一つだけ変える

フランスの啓蒙主義思想家のドゥニ・ディドロは、面白いエッセイを残しています。

あるときディドロのもとにプレゼントが届いたそうです。見ると、高級な部屋着。せっかくもらったものなので着ていると、そのうち自分の本棚がみすぼらしく見えてきて、新しいものに取り換えたくなってしまいました。

ところが本棚を変えると、今度は古くさい椅子や机も気になるようになり、やはり新しいものに変えました。

こうして、気がつくと、いつの間にかディドロの書斎はそっくり変わってしまったそうです。

このように、一つの変更が、ライフスタイル全体に波及することを、カナダ・ゲルフ大学のグラント・マクラッケン氏は、「ディドロ効果」と名づけました。何か一つ新しいものを買うと、その他のものも買い替えるようになってしまうという心理は、みなさんにも思い当たることがあるのではないでしょうか。

ライフスタイルは、一つ変えると、全部変わるのです。

ダラダラ時間が減らない人は、ほんの少しだけ、自分を変えてみるといいですよ。

たとえば、理髪店に行くのが面倒で、髪をぼさぼさに伸ばしている人がいるとしましょうか。

もしこういう人が、さっぱりと髪を短くしたら、どうなるでしょう。

せっかくスポーティーな髪型になったのだからと、新しい洋服に買い替えるようになるかもしれません。あるいは、さっぱりした髪型にしたとたん、身体を鍛えたいと思うようになり、ジムに通いだすかもしれません。

ほんの少しの変化でよいのです。

その変化が、より大きな自己変化を生みだします。

一気に自分を変えようとしてはいけません。「少しだけ変える」のがコツです。

少しだけなら、そんなにハードルも高くないので、簡単にできます。そして、少し変わると、その他の点でもいろいろと変化が起きてきて、気がついたときには、全然違う人間に生まれ変わっていることも珍しくないのです。

朝、ほんの少しだけ早く起きてウォーキングをしてみるとか、夜、お風呂に入る前に軽くストレッチをしてみるとか、ほんのわずかな変化を自分に起こしてみましょう。すると、「あれもやってみよう、これもやってみよう」と、どんどん新しい変化が起きてくるはずです。

自分が変わっていくのを見るのは、非常にうれしいことですし、「もっと変えたい！」という気持ちも生まれます。

大きな目標を掲げると、たいていは失敗します。

10キロも20キロも痩せようとするからダイエットも失敗するのであって、「500グラムだけ痩せる」とか「10回だけ腹筋をする」という小さなところからスタートしたほうが、ダイエットも長つづきして、結果として、減量も成功するのです。

リセット方法 22

気分をアゲアゲにする音楽を聴く

テレビを見ていると、スポーツ選手が大会のウォーミングアップのときにイヤホンをつけている映像が流れます。おそらく好きな音楽を聴いて、気分を盛り上げようとしているのでしょう。せっかくですので、この方法を、私たちもまねしてみましょう。プロのアスリートたちがこぞってやっているくらいの方法なのですから、効果がないわけがありません。

音楽は、何でもかまわないと思います。ジャンルも問いません。自分が聴いていて、「よし、気分がアゲアゲになってきた！」と思うことができればよいのです。そういう曲を選びましょう。

イギリス・キングストン大学のレイチェル・

	好きな音楽を聴く条件	コントロール条件
週あたりの運動（分）	282.02分	220.31分
週あたりの日数	4.76日	3.57日

（出典：Hallett, R. & Lamont, A., 2019より）

ハレット氏は、ジムや公園でジョギングする50人（平均43歳）にお願いして、6カ月間の実験に参加してもらいました。

どんな実験かというと、自分の好きなトレーニングを選んでやってもらうだけ。ただし半数の人には、運動前に自分のモチベーションを高める曲を聴くようにお願いしました。曲も自分で好きなものを選んでよいことにしました。残りの半数の人は比較のための条件（コントロール条件）です。こちらには、トレーニング前に曲を聴くことを求めませんでした。

実験期間中、どれくらいトレーニングしたのかの記録を各自でとってもらったものを分析すると、上記の表のような結果になりました。

好きな音楽を聴いてもらうと、張りきってトレーニングできることがよくわかりますね。**音楽は、モチベーションアップの方法として、ものすごく効果的なのです。**

どうにもいまひとつ気分が乗らないときには、いくらやる気を出そうと念じても、なかなかうまくいくものではありません。

こんなときには、まず好きな音楽を聴いてみることですよ。個人的にはスローなバラードよりも、ノリノリになれるアップテンポの曲のほうがよいように思いますが、もちろん好きな曲を選んでかまいません。

気分が盛り上がるからといって、麻薬などに手を出すのはもってのほかですが、音楽なら大丈夫。しかも、音楽のドーピング効果は、信じられないくらいに大きいので、どんどん利用してみてください。

出社するときには、通勤時間を利用して、気分がアガる音楽を聴きましょう。そうすれば、オフィスに着いたときには、気分が最高潮になっていて、仕事のパフォーマンスも絶対にアガりますよ。

リセット方法

23

「スタート」の締めきりをつくる

たいていの人は、追いつめられないと行動を起こしません。締めきり間際になって、本当にようやくという感じで、のそのそと動こうとするのです。

アメリカ・マサチューセッツ工科大学のダン・アリエリー氏は、大学生に「14週以内に3つの論文を仕上げること」という課題を出しました。

このとき、いつ締めきりを設定するのかを聞いてみると、なんと40％以上は、「14週目」を締めきりにしていたのです。本当にギリギリです。またあとで調べてみると、第1週から課題にとりかかったのは、2・5％しかいないこともわかりました。

人は相当に追いつめられないと、行動を起こさないようです。

同じような研究は他にもあります。

スイス・チューリッヒ大学のコーネリウス・コーニグ氏によると、大学生に2週間後に試験を行いますよと告げると、13日前に準備する人はゼロで、5日前になってようやく5％、前日になって55％となったそうです。

では、こういう「締めきりギリギリ」を予防するにはどうすればいいのでしょうか。

一つの方法は、締めきりを2つ準備するのです。

・作業を終わらせる締めきり

・作業をスタートさせる締めきり

という2つの締めきりを設定することが大切です。たいていの人は、作業を終わらせる締めきりしか設定しないので、ダラダラしてしまうのです。「いつまでに終わらせればよいのか」という考え方をしていると、どうしても遅れてしまいます。

その点、「いつスタートするか」という締めきりを決めておくと、スムーズにスタートを切ることができます。スタートの締めきりは非常に重要なのです。

実を言うと、私もこの方法のお世話になっています。編集者から、「6月末締めきり」といった注文を出されると、私は頭の中で、こんなふうに考えます。「少なくとも10日くらい前には脱稿しておきたいから、6月20日が作業を終わらせる締めきりとしよう。そこから自分の執筆ペースを逆算すれば、5月10日がスタートの締めきりだな」という具合です。

こういうやり方をしてきたおかげなのでしょうか、私はこれまでに300冊近くの本を執筆してきましたが、一度も締めきりを守れなかったことがありません。たいていの人が、グズグズしてしまうのは、終わりの締めきりだけしか決めておかないからですよ。ぜひスタートの締めきりも決めてみてください。

リセット方法 24

一人でやる

仕事をするときには、できるだけ一人でやるといいですね。

なぜなら、私たちは他の人と一緒に作業をしようとすると、ついついムダ話などをしてしまって、能率が悪くなってしまうからです。

ある企業では、「午後1時から3時までは一人で集中して頑張るタイム」というようなルールを決めていて、その時間内では一切の私語を禁じて、黙々と仕事に取り組ませる、という話を聞いたことがあります。これは、非常によいアイデアです。

一人で仕事をするからこそ集中できるのであって、他の人と一緒にやろうとすると、どうしてもダラダラしてしまいます。

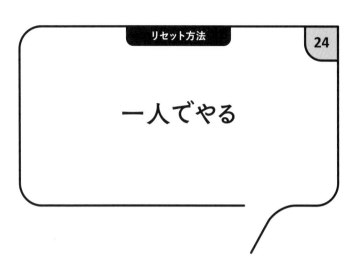

学生の頃、私は友人たちから、「一緒に試験勉強をしようよ」とグループ学習を持ちかけられても断っていました。友人たちと一緒だと、勉強にならないことを経験的に知っていたからです。そのためでしょうか、ちょっぴり自慢になってしまいますが、私はものすごく成績のよい学生でした。

アメリカ・オクラホマ州立大学のロバート・スコフィールド氏は、友人または知らない人と作業をさせる実験をしたところ、友人と一緒だと作業に関係のないムダ話が増えることがわかりました。他人と一緒でも、知らない人であれば、ムダ話は増えませんでした。

友人と一緒に何かをしようとするのは、特に集中してやる作業のときにはやめておいたほうがいいようですね。知らない人ならば、そんなに問題もなさそうですが。

では、どうしてもグループやチームで仕事をしなければならないのだとしたら、どうすればいいのでしょうか。

私なら、まずはメンバーでどの仕事をするか分担することを提案しますね。そして、一人一人が別々に作業をし、あとでみんなの仕事を持ち寄るようにするのです。このような形にすれば、チームで作業をしたことになりますが、実際の仕事は一人でやることができます。

会議もそうですよ。あらかじめ会議の議題をメンバーに伝え、一人一人にアイデアを書いてきてもらうのです。実際の会議では、みんなが持ち寄ったアイデアを突き合わせて、結論を導くだけ。このようにしたほうが、会議の時間も大幅に短縮できます。みんなで話し合おうとするから、ダラダラするのです。

一人で仕事をしているフリーランスや自営業者などは、会社勤めのサラリーマンに比べると、あまりダラダラしませんが、その理由は、ほとんど一人（あるいは夫婦）で作業をすることが多いからです。

他の人と一緒に仕事をすることは、なかなか避けられないこともあるとは思いますが、それでもなるべく一人で仕事に取り組めるよう、上司やリーダーにかけあってみるとよいですね。そのほうが、能率がいいということを理解してもらえれば、断られることもそんなにないと思いますよ。

リセット方法 25

友人を巻き込む

仕事をするときには一人がいい、というお話をしました。

けれども、まったく逆のアドバイスになってしまいますが、「友人や知り合いと一緒にやったほうがいい」ということも現実にはよくあります。

それはどんなときかというと、「あまりやる気にならない」作業をするとき。

どうにも乗り気にならないことをするときには、友人と一緒にやりましょう。そのほうが楽しく取り組むことができます。

たとえば、草むしり。草むしりが好きな人などいないと思いますが、一人で黙々とやらなければならないのだとしたら地獄のような苦痛を味わうかもしれませんけれども、他の人と軽いおしゃべりなどしながら草むしりをしてよいのなら、そんなにつらくありません。

私の住む町の自治会では、一年に1回、公園や道路わきの草むしりをする日があるのですが、普段、あまり接しない人たちとおしゃべりしながら草むしりするのは、そんなに苦痛でもありません。みな喜んで草むしりをしています。

あるいは、エクササイズ。

一人で黙々と身体を鍛えようとするよりは、友人も誘って一緒にやったほうが、長つづきするかもしれません。

アメリカ・イリノイ大学のエドワード・マッコーレイ氏は、だれかと一緒にやったほうがエクササイズは楽しくなることを実験的に確認しています。

身体を動かすのがもともと好きな人なら、一人でやったほうがよいのかもしれませんが、たいていの人は、運動をするのがおっくうだと感じますよね。そういう人は、友人を誘って一緒にやったほうがいいのです。

エクササイズ自体が苦痛でも、「他の人とやりとりできる」ということが楽しめるのなら、そんなにつらくもないのですよ。

学校もそうですね。学校で勉強をするのが大嫌いでも、仲のよい友人が何人かいれば、学校に行くのもそんなに苦痛に感じません。勉強をするために学校に行くのではなく、友人に会うために学校に行くことができるのです。逆に言うと、友人ができない人は、学校に通うことも面白くなくなって、途中で退学してしまいます。

一人ではやりたくないことは、一人でやってはいけません。

一人でやろうとすると、どうしてもダラダラしてしまいますから。

こんなときには、まず友人を誘うことです。友人と一緒なら、面倒なことでもけっこうできるようになります。

ダラダラの原因

26

ダラダラしていると、ますますやる気が失われてゆく

カナダ・アルバータ大学のロバート・クラッセン氏は、シンガポールとカナダの大学生1145人について、課題を先送りする傾向がある人ほど、自己管理ができず、自尊心が低く、自己効力感が失われてしまうことを突き止めています。

自尊心が低下するということは、「自分が嫌い」という気持ちが強まることであり、自己効力感が失われるということは、「私は、何もできない」という気持ちが強まるということです。

先送りしようとしていると、自信がなくなり、ますます先送りの傾向が強まります。こういう悪循環にはまり込むと、本当に何もできなくなってしまいます。

ダラダラの悪循環にはまり込まないようにするためには、とにかくどこかで一度、負のスパイラルを断ちきらなければなりません。

病気やケガの場合、2週間も入院すると、筋肉が落ちて、本当に立ち上がることすらできなくなります。ダラダラぐせもそうで、しばらくダラダラしていた人は、最初はものすごく軽い「リハビリ」からスタートするのがいいでしょう。それでも大変だとは思いますが。

ダラダラぐせを直すリハビリに一番効果的なのは、軽い運動。

特にウォーキングがおすすめです。ウォーキングはジョギングに比べればラクですし、わざわざ運動着に着替える必要もありません。私服で、そのまま外に出て少し歩いてくるのです。手間がかからないので、思い立ったら、さっと行動できるのもウォーキングの強みですね。

イギリス・エッジ・ヒル大学のメリッサ・マーセル氏は、健康増進プログラムに参加した人にウォーキングをさせてみました。

13週間後、うつ病の診断をしてみると、ウォーキングしたグループでは、抑う

つ感、ストレス、ネガティブな気持ちが大幅に減少し、代わりにポジティブな感情が高まることがわかりました。

ウォーキングをしていると、気分も前向きになり、積極的になれます。ウォーキングは、ものすごく手軽な運動なのに、大変に効果的な方法でもあるのです。

しかも、いくつかの研究によると、そんなに何時間も歩かなくてすむこともわかっています。ウォーキングの時間は、せいぜい15分から20分で十分であり、わずか20分のウォーキングで気分は上向きになることもわかっています。

ダラダラぐせがなかなか直せない人は、まずは「気持ちのリハビリ」のため、毎日、少しだけ歩くようにしてみてください。

特別にウォーキングの時間を設けるのが面倒くさいなら、出社するときに一つ手前の駅で降りて歩くだけでもいいと思いますよ。20分も歩けば、それで毎日のノルマが達成ということにすれば、だれにでも簡単に取り組めるのではないかと思います。

リセット方法

27

「推し」をつくる

私たちは、恋をすると脳の報酬系と呼ばれる部位が活性化し、意欲的になれることが知られています。ですから、恋をすることはダラダラぐせを直すうえで、非常に効果的な方法でもあります。

「私は、恋愛なんていいや」

「恋なんて、面倒くさいからしたくない」

そんなふうに思っていてはダメです。好きな人がいるからこそ、人間は張りきって生きていけるのです。

すでに結婚されているという人でも、恋愛をするのはいいですね。といっても、現実世界で不倫や浮気をしなさい、と言っているのではありません。心の中で勝手に好きな人をつくるのです。相手がアイドルやモデル、俳優でもかまいません。

好きな人のことを、最近では「推し」と呼ぶそうですが、自分なりに「推し」をつくっておくと、毎日が楽しいですし、エネルギッシュな人間になれます。

好きな人がいれば、苦しいことでもホイホイとこなせるようになります。恋をしている人は、我慢強くなれるからです。

アメリカ・スタンフォード大学のジャレッド・ヤンガー氏は、恋人のいる男女に実験に参加してもらいました。どんな実験かというと、左手に熱を与えて我慢してもらう、という過酷な実験です。熱は40℃からスタートし、1℃ずつ上げられていき、我慢できるところまで我慢してもらうことになっていました。

その際、片方のグループには、自分の彼氏（彼女）の写真を見ながらやってもらいました。すると、このグループでは、あまり痛みを感じないことがわかりました。実験中の脳の画像を調べてみると、報酬系が活性化していて、それが痛みを感じにくくさせているようでした。

もう一方のグループには、無関係の人の写真を見せながら同じ実験をしてもらったのですが、こちらはすぐに痛みを感じて、簡単にギブアップしてしまいました。

好きな人がいると、やりたくもないことでもけっこう我慢できるようになるかもしれません。

たとえば、同じ職場に、ちょっと気になっている異性がいると、楽しくもない仕事でも、楽しくこなせるようになるでしょう。出社するときにも、うれしくてついついスキップを踏んでしまうかもしれませんね。

おばさま方の中には、若いアイドル歌手の追っかけをしている人たちがいます。そういうおばさま方を見ていると、ものすごくはつらつとしていて、元気なのですよね。だれか好きな人がいるというのは、好ましい影響を及ぼすのです。

人は何歳になっても、恋をしていたほうがいいと思います。

みなさんがダラダラしてしまうのは、ひょっとすると恋愛をしていないからではないでしょうか。好きな人をつくってみると、ウソのように意欲が溢《あふ》れ、積極的な自分に生まれ変わることができますよ。

リセット方法 28

進歩の記録をつける

せっかく行動していても、その進歩がわからないと私たちはやる気をなくします。その点、自分の進歩が目に見える形で示されるのなら、楽しい気持ちになって、「もっと頑張ろう」という気持ちになれるものです。

したがって、何か行動をするときには、きちんと進歩の記録を残すようにしてください。

RPG（Role-Playing Game）でいうと、レベルアップ。主人公がレベルアップすると、ものすごくうれしいのですが、進歩の記録をつけるのは、自分がレベルアップしたことを「可視化」するために必要です。

イギリス・シェフィールド大学のベンジャミン・ハーキン氏によると、目標に向かって自分がどれだけ進歩しているのかをモニタリングすることはとても重要なことで、これをやらないと、そのうちにばかばかしくなって行動しなくなってしまうそうです。

目標を達成したいのであれば、モニタリングというか、きちんと記録を残すようにしましょう。やる気もまったく違ってきますよ。

受験生は、数カ月おきに模擬テストを受けます。なぜ模擬テストを受けるのかというと、自分の進歩を確認できるから。何となく勉強しているだけでは、自分の学習の進歩を確認できず、つまらなくなります。その点、模擬テストを受ければ、「偏差値」という目に見える形で、自分の進歩がはっきりとつかめます。

お客さまのデータをパソコンに入力する仕事をしているとしましょうか。ただ入力しているだけではつまらないので、「1日あたりの入力数」や「1時間あたりの入力数」などを、紙や手帳に記録をつけてみるのです。

すると、一日に25人しかお客さまのデータを入力できなかったのに、そのうち30人、32人、38人、41人と入力できる数が増えていくことが目に見える記録として残されるかもしれません。そういうものを見ていると、「私もずいぶん仕事ができるようになったな」と実感できますし、意欲も生まれますよ。

ウォーキングを始めようという人は、歩数計のアプリをダウンロードして、そういうアプリを使いながら始めましょう。ただ何となく歩くよりは、一日の歩数がわかったほうが、もっと歩いてみよう、という気持ちになりますから。

少し前に、「レコーディングダイエット」という方法が流行りました。といっても、何か特別なことをするわけではありません。毎日、自分の体重をレコーディング（記録）するだけ。たったそれだけなのですが、毎日、体重計に乗って変化を記録していると、自然に食事にも気をつけるようになり、体重も減っていくのです。

簡単な記録をとるだけなら、そんなに手間もかかりませんし、ぜひ試してみてください。

COLUMN 3

人に感謝されたことを思い出す

「豚もおだてりゃ木に登る」という言葉がありますが、だれかにほめられたり、感謝されたりすると、私たちはとても気分がよくなるものです。そのため、ほめられたり、感謝されたりしたことは、もっともっとやりたいと思うようになります。

たまたま上司に命じられて、オフィスの駐車場の掃除をさせられることになったとしましょう。ホンネとしては、そんなことをしたくはありません。

ところが、しぶしぶオフィスの前の歩道に落ちているごみを拾っていたところ、歩行者から、「お兄さん、お疲れさま、いつも街をきれいにしてもらってありがとうね」とお礼を言われたとしましょうか。

するとどうでしょう、イヤな気分はどこかに吹き飛び、後日、同じように掃除を頼まれたときにも、喜んで引き受けることができます。

アメリカ・ペンシルベニア大学のアダム・グラント氏は、人にお礼を言われると、自発的に、積極的に行動できるようになることを実験で確認しています。

グラント氏はまず32人の大学の事務員を集めました。彼らは、卒業生に電話をかけ、奨学金への寄付を募る、という仕事に携わっている人たちです。

彼らには、ノルマのようなものはありませんでした。何人に電話をかけなければならないということはなく、完全に時給制で働いていました。自分で好きなように仕事をしてよかったのです。

そんな彼らの半数に、グラント氏は「奨学金を受けた学生から感謝された経験」を思い出してもらいました。「奨学金のおかげで大学に通うことができました、ありがとうございます!」という手紙をもらった経験などを紙に書いてもらったのです。残りの半数には、そういうことを求めませんでした。

それから、1時間にかける電話の回数を測定したところ、他者からの感謝を思い出した条件では、やる気が出たのか、たくさん電話をかけてくれることがわかりました。うれしくなると、人は積極的に行動するのです。

仕事のやる気が出ないときには、お客さまから「ありがとう」と言われたときのことや、上司から、「すごいね、キミは!」とほめられたときのことを思い出すようにしてみるといいかもしれないですね。

そうすると自然に顔をほころばせ、仕事することができますよ。もちろん、ダラダラすることもなく、キビキビと行動できるはずです。

4章

思うように仕事に集中できない人のために

リセット方法

29

40秒で疲れをリセットする方法

私たちの注意力、集中力には当然ながら限界があります。

「集中力が切れてきたな……」と感じたら、いったん作業をやめましょう。集中力が切れているのに、ムリに頑張ろうとしても能率が悪くなりますし、休憩をとりたい気持ちが強くなって、どうしてもダラダラするものだからです。こんなときには、さっさと諦めて休憩をとるにかぎります。

一番いい休憩のやり方は、緑を見つめること。

窓の外にある街路樹をしばらく見つめていると、集中力は元に戻ります。デスクワークで、外を見ることができないのであれば、緑の画像をパソコンで見つめるだけでも大丈夫ですよ。

それでも集中力は戻りますから。リアルな緑でなく、写真や画像でもまったく同じリラックス効果がみられます。

オーストラリア・メルボルン大学のケイト・リー氏は、パソコン上に数字が出たら、すぐにその数字のボタンを押す、という作業をやらせました。画面に「1」と出たら、できるだけ早く「1」のボタンを、「2」と出たら、「2」のボタンを押すのです。ただし、「3」の数字だけは「3」という数字ではなく、「←(左向き矢印)」のボタンを押すことになっていました。

この作業をしばらくやらせて精神的に疲れさせたところで、本来の実験がスタートです。リー氏は、参加者を2つのグループにわけ、片方のグループには、コンクリートの屋根の画像を、もう一方のグループには、同じ構図で撮られた写真なのですが、コンクリートの屋根に花や緑がいっぱい植えられている画像を見せました。

それから疲れがどれくらい回復したのかを聞いてみると、コンクリートの画像を見た条件では平均して2・93、緑の画像では3・46という結果になりました。

緑の画像を見ると、「おっ、疲れが吹き飛んだぞ」と感じたのですね。

ちなみに、どれくらいの長さで、緑の画像を見せたのかというと、わずか40秒でした。たった40秒でも、緑を見ていると疲れが消えるのです。

パソコンの画面の背景は、できるだけ草花がいっぱいの画像を選んでおくといいですね。そうすれば、「ちょっと疲れちゃった」というときには、作業をしているウインドウを閉じれば、背景の緑をすぐに見ることができるので便利です。

休憩するといっても、何分も、何十分も休む必要はありません。

40秒も緑を見ていると、かなり疲労は回復しますので、また同じように作業をつづけられますよ。

リセット方法

30

自分の呼吸を数えてみる

仕事に集中したいのに、余計なことばかりが頭に浮かんでしまうこともありますよね。週末の飲み会のことが気になったり、明後日に発売されるゲームのことが気になったり、昨日の夜に読んだ漫画のシーンばかりが頭に浮かんでしまったり。

他のことが気になって、そわそわしてしまうことを「マインドワンダリング」と呼ぶのですが、仕事に集中できないときにはどうすればいいのでしょうか。何か解決法がないのでしょうか。

もちろん、簡単な解決法はありますよ。

何か特別な小道具なども不要です。

すぐに、その場で簡単にできる解決法は、

「ブレス・カウンティング」というテクニックです。自分の呼吸（ブレス）に注意を向け、ゆっくりと数を数える（カウンティング）のが、このテクニックです。やり方も簡単ですね。

アメリカ・ウィスコンシン大学のダニエル・レヴィンソン氏は、4つの実験を行い、のべ400人以上に参加してもらって、ブレス・カウンティングの効果を検証してみました。

その結果、自分の呼吸にだけ注意を向けて、息を吸い込むたびに1から9までの数字を数え、9まで数えたらまた1に戻る、という呼吸をつづけていると、余計なことを考えて悩むことがなくなることがわかったのです。

この方法は、仕事に集中できないときだけでなく、心配事や悩み事を抱えている人にも有効ですよ。

別れた恋人のことや、上司に叱られたことが頭に浮かんでしまい、悶々《もんもん》と悩んでいる人は、自分の呼吸を数えるようにするのです。すると、悩んでいることが頭に浮かびにくくなります。

なぜブレス・カウンティングはそんなに効果的なのでしょうか。

その理由は、人間は、一度に、2つのことを考えることができないから。

呼吸に意識を向けると、当然ながら　その間は、他のことを考えられません。

そして、しばらく呼吸にだけ注意していると、悩んでいたことをいつの間にか忘れることができるのです。


もし悩んでいることが再び頭に浮かんでしまうようなら、また同じようにブレス・カウンティングをすればいいのです。何度かこれを繰り返していれば、きれいに悩みも消えてくれます。

私は、もともと緊張しやすいタイプなので、知らない人と仕事の打ち合わせをしなければならないときなどは、かなり不安を感じます。そこで、待ち合わせの人と会う直前には、ずっとブレス・カウンティングをしています。このテクニックは、どんな場所でも、やろうと思えばすぐにできる便利な方法なので、非常に重宝しています。

リセット方法

31

ほどほどに難しいことにチャレンジ

心がそわそわして、うまく集中できないのだとしたら、ひょっとすると取り組んでいる課題が難しすぎる、あるいはやさしすぎる、ということが考えられます。難しすぎても、やさしすぎても、私たちは集中できなくなるのです。

アメリカ・コロンビア大学のジュディ・シュー氏は、スペイン語を知らない学生に、スペイン語の単語を覚えてもらう、という実験をしてみたことがあります。

このとき、学習の難しさを3段階で設定しました。やさしい、ほどほど、難しい、という3段階です。

なお、単語を記憶してもらうときには、どれだけ注意が他のところに向いてしまったのかも、自分で記録することになっていました。交通量調査などで使われる、カチカチとボタンを押して数えるカウンターを渡しておき、余計なことが頭に浮かぶたびにカウントしてもらったのですね。

シュー氏は同じ実験を3回繰り返したのですが、3回とも、一番集中できるのは、「ほどほどに難しい」と自分が感じる課題に取り組んでいるときでした。このときには、余計なことをあまり考えずにすんだのです。

次に集中できるのは、「やさしい」課題で、最も集中できないのが「難しい」課題でした。

難しいことをやっていると、人間は、どうしても他のことばかり考えてしまうようです。おそらくは、「イヤだなあ、逃げ出したいなあ」という気持ちになるためでしょう。現実逃避のために、余計なことを考えてしまうのです。

この実験を参考にすると、仕事に集中できるのは、「ほどほどに難しい」と本人が感じられる課題ですね。

「頑張れば何とかなりそう」というときに私たちは一番集中できるようなので、

うまく難しさを設定するのがポイントです。

なお、もし自分がやっている作業が、あまりにもやさしすぎると感じるのなら、自分なりにノルマというか、目標設定を上方修正して、ほどほどに難しくしてみるのもいいですね。

たとえば、会社からは、1時間に50個の部品をつくることが求められているのだとしても、自分にとってはゆるすぎると感じるのなら、「1時間に70個」と、ほどほどに難しさを感じる設定にしてもらうのです。そのほうが、みなさんも集中して仕事に取り組めるでしょうし、会社にとっても生産性が上がるので、ありがたいと感謝されるのではないでしょうか。

仕事は、あまりにやさしくても、難しすぎてもダメです。

ほどほどに難しいという「最適な範囲」があるのであって、自分にとって、一番モチベーションがあがる最適な範囲を見つけることが先決です。

リセット方法 32

スマホをしまう

仕事をするときには、スマホはどこか目につかないところにしまっておきましょう。とりあえず視界に入らないようにしておかなければなりません。なぜかというと、気が散ってしまうからです。

「だれかから大きな連絡があるかもしれない」と思うかもしれませんが、自分が今まさにとりかかっている仕事以上に大きなことなどないですよ。もしかりに電話がかかってきていたのだとしても、あとで折り返しの連絡をすればいいだけです。それでまったく問題はありません。

ほとんどの人は、スマホを視界に入るところに置いていると思うのですが、これはよくありません。まずスマホをしまってから仕事を始め

2に線を引いてください

3 8 2 1 6 2 7 5

るべきです。スマホがチラチラと視界に入ってくると、どうしても他のことを考えてしまうものです。

アメリカ・サザン・メイン大学のビル・ソーントン氏は、「ただスマホがある」だけで気を散らせてしまうことを実験で確認しています。

ソーントン氏は54人の大学生を集め、スマホを机の上に置いたまま、あるいはスマホがない状態で、やさしい作業と難しい作業に取り組んでもらいました。

やさしい作業というのは、指定された数字を見つけて、線を引く作業です。単に数字に線を引けばいいので、ものすごくやさしい作業でした。たとえば上記のような感じです。

隣り合う2つの数字を足して
3になる数字に線を引いてください

3 2 1 6 1 8 3 0 5

難しい作業のほうは、隣り合う2つの数字を足して、指定された数字になっていたら、その2つの数字に線を引くことになっていました。ただの足し算ではあるものの、少し頭を使う作業です。たとえば上記のような感じです。

学生が線をつけた数を数えて作業量を測定してみると、スマホが机の上に置かれていても、置かれていなくてもやさしい作業のときには差が出ませんでした。ところが、難しい作業になると、スマホが置かれている条件では気が散ってしまうのか、作業量が少なくなることがわかりました。

スマホは、たとえいじっていなくとも、置かれているだけで気を散らせるようです。ですから、仕事を開始するときには、どこか目につかないところに置いておかないと、知らないうちに作業が遅れてしまいます。

スマホが目に入るところに置かれていれば、「少し休憩してアプリで遊ぶか」「ニュースでも見てみようか」という気持ちになってしまい、本気で集中できません。スマホは便利な道具ではあっても、集中力を奪うという点ではものすごく邪魔な存在であることを認識しておかなければなりません。

リセット方法 33

食いしん坊な人は、食べ物も置かない

机の上に、スナック菓子を置いて、それを頬張りながら仕事をしている人がいるかもしれません。スマホ同様、これもあまりよくない仕事のやり方です。

お菓子を食べたいのなら休憩のときに食べてください。食べながらの仕事は絶対にダメです。食べ物はかばんなり、引き出しなりにしまっておいて、仕事をするのなら、仕事に集中してください。

オーストラリア・フリンダース大学のエヴァ・ケンプス氏は、18歳から30歳の92人の女性に実験室に来てもらい、8つのチョコレートを見せて、好きなものを1つ選んでもらいました。

選んだチョコレートは、パソコンの横に置いて、画面に星印が出たら、すぐにスペースバーを押す、という反射神経を調べる実験を行いました。すると、チョコレートが好きな人はチョコレートに気をとられて反応速度が遅くなることがわかりました。

チョコレートがそんなに好きでもない人なら、チョコレートが目の前に置かれていても、そんなに気が散ることもないのかもしれません。けれども、スイーツが大好きな人は、チョコレートを置いておいたら、どうしてもそちらに注意が向いてしまいます。

そもそも食に対する欲求がない人であれば、お菓子が置かれていようが、何が置かれていようがまったく気にならないのかもしれませんが、たいていの人はお菓子が大好きだと思いますので、最初から机の上に置かないようにしておいたほうがいいのです。

私たちは、自分の好きなものが目に入れば、どうしてもそれが気になるものです。ゲームが好きな人は、ゲーム機が置かれていたら、気にしないようにしようとしても気になるでしょうし、甘いものに目がない人は、おいしそうなお菓子があれば、どうしてもそちらを見てしまうものなのです。

仕事をするときには、仕事に関係するもの以外は、机の上に出しておかないほうがいいですね。自分の気を散らせるようなものは、すべて片づけておいたほうが仕事に集中できます。

家族を愛していることはけっこうなのですが、写真立てに家族の写真を入れて、机の上に置いておくのはおすすめできません。そちらが気になって仕事に身が入らないように思うのですが、どうでしょうか。それとも、家族の顔を見るたびにモチベーションが高まるのでしょうか。

仕事をするところは、なるべく仕事以外のものを置かないようにしてください。

プライベートの時間ではないのですから、「仕事は仕事」と割りきって、あまり趣味のものなども置かないようにしたほうがいいと思います。

リセット方法

34

仕事をする前のルーティンを決める

プロゴルフ選手はショットをする前に、いつでも決まった行動をするものです。こうした行動はルーティンと呼ばれています。

元プロ野球選手のイチローさんは、ネクストバッターズサークルに入るといつでも決まったストレッチを開始し、打席ではいつでも同じようにバットをくるりと回すルーティンをしていました。ラグビー元日本代表の五郎丸歩さんも、キックをする前には「五郎丸ポーズ」と呼ばれたルーティンをやっていました。

みなさんも、さあ仕事をするかというときには、ちょっとだけ時間を使ってアスリートがやるようなルーティンをやるといいですよ。

ルーティンは、言ってみれば自分を本気モー

ドに突入させる「やる気スイッチ」。

いったんそういうスイッチができあがれば、毎日毎日、いちいちやる気を出そうとしなくとも、ルーティンをするたびに必ずスイッチが入るようになります。そういうふうに自分を条件づけてしまうのがコツです。

ルーティンは、自分で決めてもいいですし、他の人がやっているものをお借りしてきてもかまいません。

ドイツ・ケルン体育大学のフランジスカ・ローテンバッハ氏は、他人のルーティンでも役に立つことを確認しています。

ローテンバッハ氏は24人のテニス選手に集まってもらい、全員に同じルーティンを学ばせました。

そのルーティンとは、まずボールを見つめて深呼吸。次に、サーブを打ち込む場所に視線を置いてから、視線を足元に移し、ボールを8回弾ませます。それからもう一度サーブを打ち込む場所を見つめたまま、ボールの軌道をイメージする、というものです。

このルーティンを4週間学んだところ、参加者たちのサーブの正確性が向上し、フォールトの数も減らせるようになることがわかりました。他人のルーティンでも、まったく問題がないわけです。

小さな子どもは、好きな選手のフォームやしぐさを物まねするのが好きですが、ルーティンをまねするのは、大人にとってもよいことです。

職人さんなどは、親方や先輩がやっているルーティンを、知らないうちに自分でもやっていることが少なくありません。同じ現場で働いている職人さんたちが、みな同じようなルーティンをしているのを見ると、ちょっとおかしくなってしまいますが。

ただ何となく机に座ってぼんやりと仕事を始める、というのはあまり感心しません。まずトイレに行き、すっきりした状態になって、手と顔をよく水で洗い、頬を2、3回たたいて気合を入れてから仕事を始める、といったようなルーティンを決めておいたほうが、仕事もうまくいくと思いますよ。

リセット方法 35

サボれない状況に自分自身を置く

大学生になったら、そんなに頭がよくなくても、履修するすべての科目で成績の「S」をとることはそんなに難しくありません。やり方は簡単で、ほとんど他の学生が履修していない先生とマンツーマンで受けられるような講義だけを受けるようにすればいいのです。

大学の講義には、人気のない先生の講義はいくらでもあるので（失礼ですが）、マンツーマンで受けられる講義は見つかります。そういう科目を履修すれば、きちんと出席もするようになるでしょうし、手抜きもできません。

100人も200人も他の学生が履修していると、「私くらいサボっても大丈夫だろう」という気持ちになります。当然、成績も悪くなります。

自分をサボれない状況に追い込んでしまうのはいいアイデアです。サボろうとしてもサボれない状況に置いてしまえば、あとはやるしかありませんから。

イギリス・ロンドン大学のピーター・ブラッチフォード氏は、1万人の子どもを調査し、クラスの人数が多くなればなるほど、成績が悪くなることがわかりました。一つのクラスに何十人もいると、子どもはあまり集中しなくなり、サボるためです。

逆に、クラスの人数が25人以下だと、特に成績の悪い子どもほど、大きな恩恵を受けられることもブラッチフォード氏は突き止めています。クラスの人数が少ないと、先生もすべての生徒に目配りができますし、成績の悪い子どもにも細かい指導ができるからです。クラスが少人数制だと、先生も思う存分に指導ができ、子どもも手抜きができないので成績がよくなるという、お互いにうれしい恩恵があるのです。

仕事も、同じ部署に社員が何十人もいるような大企業ですと、「私一人くらい手を抜いても、全体に影響はないだろう」という悪魔のささやきに負けて、サボるようになってしまいます。

その点、そもそも社員が数人しかいない、ものすごく小さな会社に就職すれば、手の抜きようがありません。手を抜くとすぐにバレてしまうので、手抜きができないのです。

どちらがいいということは、なかなか決められませんが、手抜きを予防できるという意味では、小さな会社に就職したほうが、仕事を覚えるのも早いでしょうし、即戦力が身につくので悪いことでもありません。

他の人がたくさんいると、人はどうしても手を抜きます。

それを予防するには、サボろうとしても、なかなかサボりにくい状況を選んで、そういう状況に自分自身を置くようにすることです。

リセット方法

36

複数の作業をごちゃまぜに行う

一つのことだけを集中的に学ぶことを「集中学習」といいます。それに対して、複数のことをごちゃまぜにしながら学習することを「分散学習」といいます。学ぶことを分散させながら学習するので、分散学習と呼ぶのです。

さて、何か新しいことを学ぶときには、集中学習よりも、分散学習のほうがいいみたいですよ。そのほうが早く学ぶことができますので。

アメリカ・カリフォルニア大学ロサンゼルス校のネイト・コーネル氏は、12人の画家の作品を、一人の画家につき6つずつ覚えてもらうという実験をしてみました。絵の下には画家の名前があり、どの画家がどの絵を描いたのか、組み合わせを覚えるのです。

1. 集中学習
同じ画家の作品を6つつづけて覚えてもらう
（例：AAAAAABBBBBBCCCCCCのように）

2. 分散学習
12人の画家の作品をごちゃまぜにして覚えてもらう
（例：CAHJBDEAFGのように）

	集中学習	分散学習
実験1	35%	61%
実験2	36%	59%

（出典：Kornell, N. & Bjork, R. A., 2008より）

しっかりと覚えてもらったところで、最後にテストをしました。覚えたものとは違う絵を見せ、その筆遣いや作風から、12人のうちのどの画家の作品かを当ててもらうのです。

この実験にあたって、コーネル氏は2つの条件を設定しました。

個人的には集中学習のほうが、きちんと学習できそうな気もするのですが、最後のテストで高得点だったのは分散学習のほうでした。コーネル氏は同じ実験を2回行っていますが、**その結果は2回ともに「分散学習のほうが効果アリ」ということを示していたのです**。正答率は上記の通りです。

一つのことをやっていると、すぐに飽きてしまう、という人には大歓迎の結果ですね。

一つのことをやっていると飽きてしまうのであれば、別の作業も組み合わせて、ごちゃまぜにやるようにすればいいのですよ。飽きてきたら別の作業をするようにすれば、作業の能率も落ちませんし、しかも複数の技術を同時に磨くこともできます。

リセット方法 37

仕事はゲームかスポーツと考える

オランダの名門企業ロイヤル・フィリップス・エレクトロニクスの社長を長らく務めたアントン・フィリップス氏は、「仕事はスポーツだ」としばしば口にしていたそうです。

フィリップス氏は、毎日の仕事を楽しんでいました。次々とあらわれる困難に打ち勝つゲームやスポーツだと考えていたので、仕事をしたあとには、爽快な満足感もあったことでしょう。

この考え方は、私たちにも参考になりますね。

「仕事はゲーム」
「仕事はスポーツ」

こう考えれば、同じ仕事をしていても、面白さや楽しさが何倍にも感じられるはずです。

仕事は、うまくやれば得点がどんどん加算されていくゲームだと考えると、面白くてしかたなくなりますよ。面白いのですから、当然、ダラダラしなくなります。ダラダラしてしまうのは、仕事がつまらないからです。

フィンランド・ヘルシンキ職業健康研究所のグロバニ・モネタ氏によると、「ようし、挑戦してやろう！」という気持ちがあると、物事に集中して取り組むことができるそうです。

やりたくないな、逃げ出したいな、と思うからダラダラするのであって、「楽しそう」だとか「面白そう」だと感じるのなら、人は積極的になれるのです。

勉強もそうですよね。

私は、高校の受験生のときには、勉強はゲームだと思っていました。模擬テストで高得点をあげると、ゲームをクリアしたときのような「やったぁ！」という爽快感がありました。そのため、勉強を苦痛だと感じませんでした。

仕事も同じなのです。ダラダラしていない人は仕事をゲームか何かだと思っているはずです。ゲームで面白いから、一日10時間でも、15時間でも働くことができるのですよ。

仕事がゲームだと思うと、時間の流れを早く感じる、というおまけまでついてきます。

ゲームをしていると、ついつい何時間もやってしまうものですが、楽しいことをしていると、時間の流れは早くなるのです。

仕事がつまらないと感じて、ダラダラしていると、時間の流れが遅く感じられ、「はぁ……、まだ30分しかたっていないのか」という気持ちになります。つらさが倍増してしまうことは言うまでもありません。

その点、仕事がゲームだと感じると、本当に一日があっという間に過ぎますよ。もちろん、明日、また仕事をするのが楽しみになりますから、よく眠れるようにもなります。仕事をゲームだと考えるのは、よいことずくめなのです。

なかなか難しい仕事の人もいるでしょうが、仕事には「ゲーム性」を持ち込むことです。「こういうふうにしたらクリア」「こうしたら高得点」というルールを自分なりに決めて、楽しく仕事をしてください。

ダラダラの原因

38

マルチタスクはかえって能率が悪い

複数の仕事を同時進行でこなしていく人がいます。マルチタスクというと聞こえはいいのですが、本当にこのやり方は効果的なのでしょうか。

実を言うと、あまりおすすめできません。相当に器用な人ならわかりませんが、ほとんどの人は一度に一つのことしかできないようになっています。

いくつかのことをやろうとすると、結局は、すべてが中途半端な結果になります。ビジネス本には、マルチタスクを推奨しているようなものもありますが、「どうなのかな？」と私は疑っています。

マルチタスクができれば、複数の仕事がいっ

条件	宿題を終わらせるのにかかった時間
メロドラマを見ながら	40.43分
音楽ビデオを見ながら	35.03分
ラジオを聴きながら	36.05分
ながら勉強しない	33.08分

（出典：Pool, M. M., et al., 2003より）

ぺんに片づくような錯覚をしてしまいますが、そんなことにはなりません。むしろ、余計に時間がかかります。一つずつに集中して片づけたほうが、絶対に時間はかからないはずです。

オランダ最古の大学であるライデン大学のマリナ・プール氏は、160人の高校生に宿題を出し、どれくらいで終わらせることができたのかの時間も測定してきてもらいました。

ただし、条件によって、宿題をするときには「ながら勉強」をするように求めました。「ながら勉強」は、いってみればマルチタスクと同じと考えてよいでしょう。

では、気になる結果を見てみましょう。

宿題だけをやらせたほうが、明らかに早く終わらせることができました。他のことも同時にやろうとすると、それだけ時間がかかってしまうことが一目瞭然です。

「僕は、マルチタスクをしているんだよ」と自慢している人は、自分ではカッコいいことをやっているつもりなのかもしれませんが、本当はものすごく非能率的なことをしているのだと考えてよいと思います。

人間は、そんなに器用ではありません。複数のことをやろうとしたら、絶対にそのうちのどれかは中途半端なことになっているはずです。やはり目の前の仕事を一つずつ片づけたほうがよいと思うのですが、どうでしょうか。

5章

ダラダラしない人生を歩むために

リセット方法

39

いっそのこと、思いきりダラダラしてみる

不安を感じたり、悩んだりしている人は、「悩まないようにしよう」と考えるものですが、いっそのこと「大いに悩んでみる」ようにしたほうが、悩みがきれいに晴れることがあります。

同じように、ダラダラしてしまうことに問題を感じているのなら、思いきって限界までダラダラしてみるのもいいかもしれません。完全にダラダラすると、さすがにもうダラダラするのも飽きてしまって、「さあ、そろそろ立ち上がるか」という気持ちになれるものです。

中途半端にダラダラしているから、いつまでもダラダラしてしまうのです。もうこれ以上はダラダラできない、というくらいにダラダラすると、無為に時間を過ごすのもばからしくなっ

てきて、さすがに何かやろうと思うものですよ。

実のところ、人間は、何もしないで、無為に時間を過ごすのを嫌がるものです。なんだか、時間がもったいないと感じるからです。

アメリカ・シカゴ大学のクリストファー・シー氏は、大学生に2つの調査を受けるように求めました。ただし、1つ目の調査が終わったところで、次の調査の準備のために15分待ってもらわなければならないと伝えました。

このとき、シー氏は、2つの条件を設けました。

第1条件　1つ目の回答用紙を部屋の回収箱に入れて、そのまま15分じっと待つ

第2条件　歩いて往復15分かかるところに回収箱があり、そこに入れて戻ってくる

どちらも15分が過ぎるのを待つことには変わりませんが、第2条件のほうは、「歩く」ことで時間を過ごせたわけです。それから2つ目のインチキな調査をして実験が終わるのですが、参加したことの満足度を尋ねると、次ページのグラフ

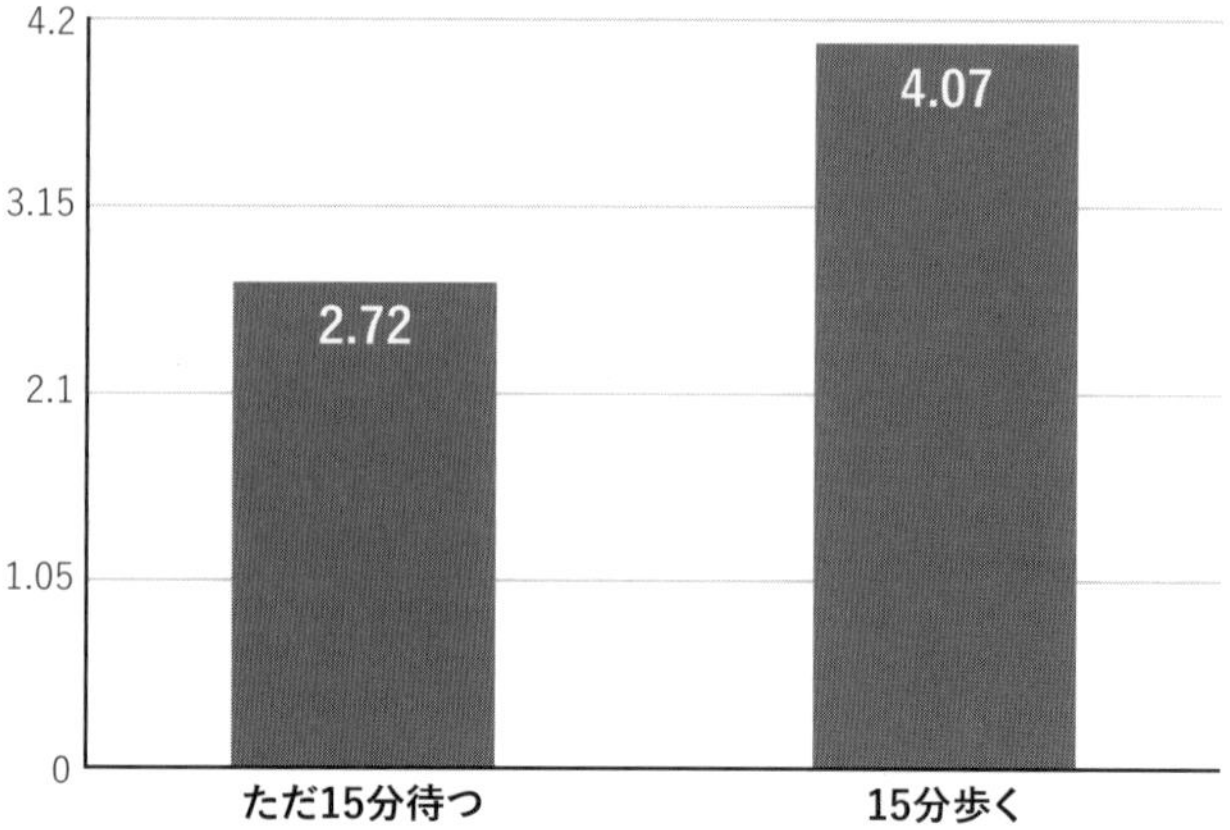

＊数値は５点に近いほど満足度が高いことを示す　（出典：Hsee, C. K., et al., 2010より）

のようになりました。

何もせずに待つよりは、面倒くさくても外を歩いてきたほうが満足度も高くなることがわかります。私たちは、「何もしない」という状態にそんなに耐えられないのです。

思いきりダラダラしていると、「さすがにもういいや」という気持ちになるのではないでしょうか。

動物とは、「動く生きもの」と書きますが、人間も動物の仲間なので、動いている状態が自然なのです。「動かなくていい」と言われると、逆に動きたくなってくるものです。この心理を利用するため、思いきりダラダラするのも決して悪くはないと思います。

リセット方法 40

「人の目」の画像や写真を見えるところに置く

防犯用に東京都が始めた、歌舞伎の隈《くま》取りの目でにらんでいるイラストのポスターがありました。「ちゃんと見ているぞ!」ということを知らせるために、こういう構図にしたのでしょう。

このポスターは心理学的にいっても、非常に効果的です。

私たちは、「だれかに見られているかもしれない」と思うと、理性的になり、自分の行動を律しようとするものだからです。

テレワークのため、自宅で作業をしていると、怖い上司の目も行き届きませんので、どうしても気が緩みます。ダラダラしてしまうわけですが、机の横あたりに、「人の目」の画像や写真

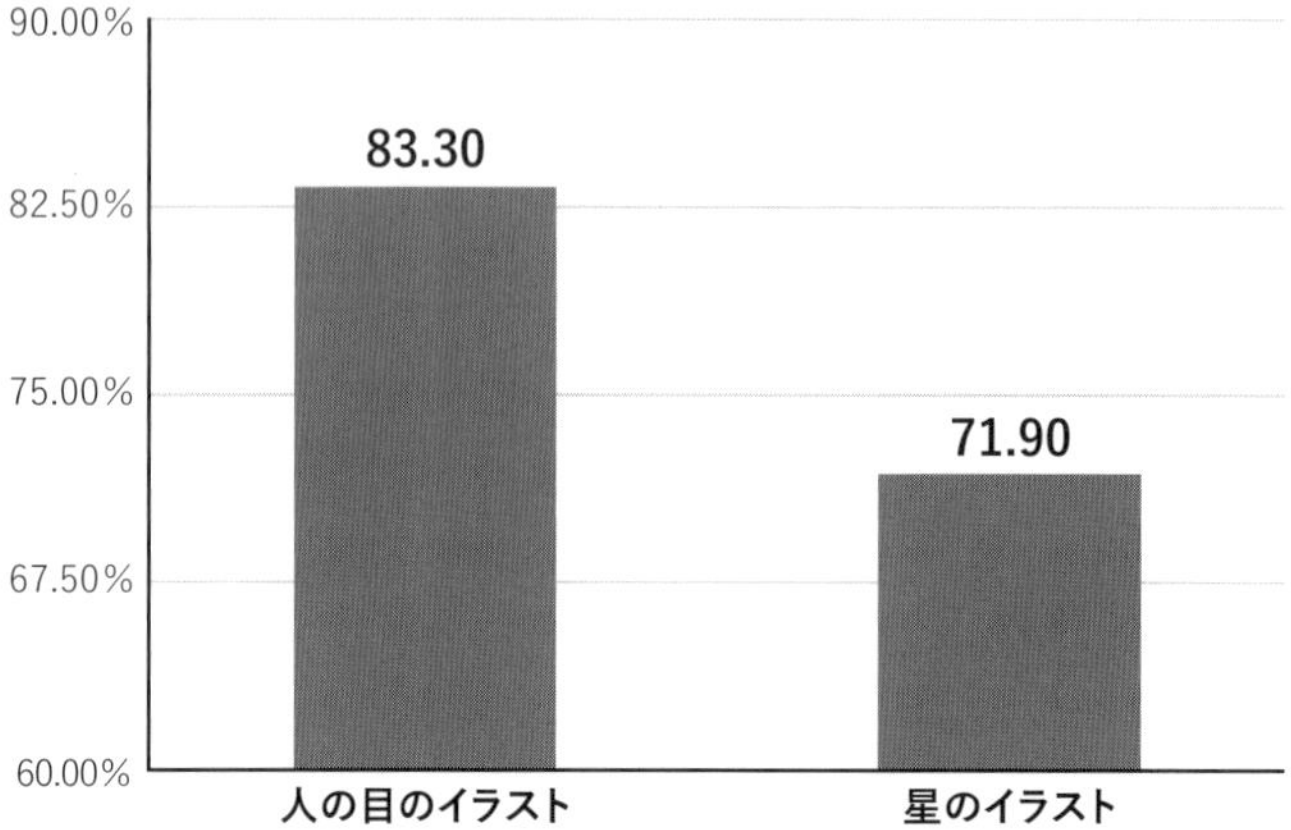

（出典：Pfatteicher, S., et al., 2018より）

を置いておくのはどうでしょうか。「見られている」と思えば、そんなにダラダラしなくなるかもしれません。

ドイツ・ウルム大学のステファン・ファテイチャー氏は、公衆トイレの洗面台の上に、「感染症予防のため、手を洗いましょう」というポスターを貼っておき、利用者が本当に手を洗うのかをこっそりと観察しました。

なお、ポスターには、「人の目」が大きく描かれたイラストと、星のイラストを用意しました。公衆トイレによって、ランダムにどちらかのポスターを貼っておいたのですね。

その結果、きちんと手洗いをする人の割合は、上記のグラフのようになりました。

こちらを見つめているポスターが目の前にあると、手洗いをする人が増えていることがわかりますね。**面倒くさいと思っても、見られていると、洗わないわけにはいかないような気分になるのでしょう。**

自宅で仕事をしている人も、人の目の画像などをどこかに置いておくといいですよ。そうすれば気分が引き締まって、会社にいるときと同じように緊張して仕事ができるようになりますからね。

リセット方法

41

ダラダラしたい衝動を抑制する方法

サボりたいとか、休みたいとか、手抜きをしたいとか、そういう衝動が心に起きたときには、どうすればよいのでしょうか。

衝動のコントロールには、コツがあります。

それは、できるだけ衝動が小さいうちに芽を摘んでしまうこと。衝動が大きくなってからは、もう抑えが利きませんので、そもそも衝動を感じないようにしておくのです。

たとえば、クレジットカードの支払いが増えて困っている人がいます。支払い能力以上に買い物をしてしまうのが原因ですが、「今月は、もう買い物しないようにしないと」と自分に言い聞かせても、うまくいきません。衝動のコントロールはたやすくできませんから。

では、どうすればクレジットカードを使いすぎてしまう問題を解決できるのかというと、簡単な話で、クレジットカードを持ち歩かないようにすればいいのです。必要なとき以外は持たないようにすれば、買い物をしたいという衝動も起きません。

ダイエットをしているなら、外食をするとき、あらかじめウエイターに「デザートはカートで持ってこないでくださいね」とお願いしておけばいいのです。目の前においしそうなケーキをカートで持ってこられたら、衝動に勝てるわけがないのです。そのため、衝動を感じていない状態のときに、衝動を感じないような手立てを講じておくのがベストなのです。

図書館で仕事をしなければならないときには、スマホを持っていくのをやめましょう。そうすれば、仕事に集中できて、スマホいじりをしなくてすみます。スマホをいじるのは、自宅に帰ってからにするのです。

これらの方法は、アメリカ・ペンシルベニア大学のアンジェラ・ダックワース氏が推奨しているやり方ですが、非常に効果的だと思いますね。

ダラダラしがちな人は、ダラダラしないような（できないような）環境設定をすればよいのです。

ダラダラしても大丈夫な環境ですと、人はダラダラしてしまいます。ですから、そういうことが難しくなるような環境設定を考えてみてください。

大学の講義では、一番前に座るのが、このやり方に当たります。教壇の目の前に座ったら、もう手の抜きようがないです。さすがに先生の目の前で居眠りはできません。スマホいじりもできません。とにかく講義に集中するしかないのです。

最近、フリーアドレスオフィスといって、決められた机ではなく、空いている好きな机を選んで仕事ができる企業も増えてきました。

もしみなさんが、こういう会社で働いているのなら、どこに座ればいいのか、もうおわかりですよね。

たいていの人は、あまり人目につかない奥のあたりの机を狙おうとしますが、みなさんは、あえて入り口付近の、人が頻繁に出入りする机を選ぶのです。だれからも見られる席で仕事をしていれば、手の抜きようがありませんから。

リセット方法 42

事前拘束戦略を使う

自分ではどうにもならないように、あらかじめ自分を拘束してしまうやり方のことを「事前拘束戦略」（プリコミットメント戦略）と呼ぶこともあります。**衝動の言いなりにならないためには、この戦略が最も有効です。**

アメリカの小説家ハーマン・メルヴィルは、『白鯨』を執筆中、妻に頼んで鎖で自分の身体をデスクに縛りつけさせたそうです。すごいですね。デスクに縛られていたら、もう仕事をするしかないからです。

また、『レ・ミゼラブル』で有名なフランスの小説家ヴィクトル・ユーゴーは、使用人に自分の服を隠させ、あらかじめ決められた時間まで返さないように、と固く命じていました。どうして服を隠させたのでしょう。その理由は、裸なら、さすがに外出できないから。ユーゴーは、このやり方で逃げ出したくなる自分を、逃げられないようにしたのです。

カナダ・カルガリー大学のピアーズ・スティール氏は、『ヒトはなぜ先延ばしをしてしまうのか』(池村千秋訳/阪急コミュニケーションズ)の中で、このような事前拘束戦略をたくさん紹介しています。興味がある人は、ぜひ読んでいただきたいですね。

ダイエットをしたい人への、もっと過激な事前拘束戦略として、スティール氏は手術によって胃を小さくするという方法も紹介しています。胃を切除すれば、そんなに食べられなくなるからです。それはその通りなのでしょうけれども、さすがにやりすぎかもしれません。

さて、もっと穏便な事前拘束戦略としては、「いつまでにやる」と紙に書き出させる方法があります。

アメリカ・ホフストラ大学のシェイン・オーウェンズ氏は、実験に参加してもらうとき、**日時を自分で決めさせ、紙に書き出させると61・8%がきちんとやってきたのに、それをしなかった場合には、勝手にすっぽかしたりして18・4%しかやってこなかった、という結果を報告しています。**

あまりに激しい事前拘束戦略に抵抗があるのなら、ただやるべきことを紙に書き出すだけでもいいかもしれませんね。これなら、だれにでも簡単にできます。

よくよく考えると、手帳のカレンダーに、「○○をする」と予定を書き込んでいくことも、一種の事前拘束戦略といえるかもしれません。

ついダラダラしてしまう人は、かなり細かく予定表を組んでみるといいでしょう。ダラダラしていると、予定表を修正したり、新しく組み直したりしなければならず、何度もそういう作業をするのはひどく面倒くさいので、予定表を組み直さずにすむように、しっかり実行できるようになれるものです。

リセット方法

43

セルフトークしながら作業をする

私たちは、人にほめられたり、感謝されたりしたらやる気が出ますが、そうはいっても、なかなか他人にほめてもらえないことも多いでしょう。

こんなときには、自分で自分のことをほめるようにしてください。

仕事中には、心の中で、どんどん自分をほめるのです。

「いいよ、いいよ〜、この調子、この調子！」

「俺、いいよ〜、このままのペースでいけば、楽勝だよ〜！」

「さすが、私、このまま成長したら世界一になれちゃうんじゃないかしら！」

このような言葉をどんどん自分自身に向かっ

て投げかけてみてください。声に出していたら恥ずかしいかもしれませんが、心の中でやっていれば、周囲の人たちには気づかれません。遠慮なく、自分をほめまくるのがポイントです。

オーストラリア・エディスコーワン大学のデビッド・ライダー氏は、自分の行動を変えるためのモチベーションを高めるには、とにかく自分をほめまくることが大切だと述べています。

気の利いたセリフが思いつかないのなら、「OK！」「いいよ！」「最高！」といったシンプルなものでもかまいません。こういうセリフを、ちょこちょこと自分に向かって投げかけながら仕事をするのです。

このテクニックは、自分自身に向かって話しかけているので「セルフトーク」と呼ばれることもあります。

スポーツ選手なども、このテクニックは日常的に利用しているようですよ。

スポーツ選手は、毎日練習をしなければなりませんが、練習が好きな人というのはあまりいません。とにかく苦しいですからね。

ところが、セルフトークを使いながら、「ようし、いいよ、いいよ、俺、いいよ！」と声をかけていると、練習自体は苦しくとも、けっこう何とかこなせるのです。

みなさんも、仕事をしていれば、書類を全部投げ出したくなるような衝動を感じることがあると思うのですが、苦しいときもセルフトークで乗りきりましょう。「頑張って、私、つらいのは今だけだから！」「ここを超えたら、あとはラクだから！」と自分を応援したり、励ましたりしてください。

本当は、上司や先輩がそんなふうに自分を励ましたり、ほめてくれたりしてくれればいいのですが、なかなかそううまくはいきません。みな自分のことで精いっぱいで、他の人のことまでかまっていられないことのほうが多いのです。

ですから、他の人がほめてくれないのなら、もう自分自身でやるしかないですね。

現代人にとって、セルフトークは必須の技術だと思いますので、ぜひみなさんも人生の早い段階でこの技術を身につけてください。

リセット方法 44

事前に手間をかけると人はきちんと行動する

多くの病院が困っていることがあります。それは、患者さんが約束の日に来てくれないことです。病院側としては、きちんと予約した時間に来てもらいたいのですが、患者さんの多くは自分の都合で勝手にすっぽかしてしまうのです。

イギリスのコンサルタント会社で働くスティーブ・マーティン氏は、この問題に悩んでいる病院からの依頼を受け、患者さんが約束した日にきちんとやってくるようにする方法のアドバイスをしました。

マーティン氏は、まず診療の予約を電話で受けるとき、約束の日と時間を患者さんに復唱させるようにしてみました。「予約は、○月○日の午前10時に入れておきます。念のため、日時を復唱してもらえますか？」というように。

こうすると翌月には、来ない人が３・５％減りました。たしかに減りはしたのですが、３・５％では少々物足りません。

そこで次に、マーティン氏は、もう少し面倒なことをさせるようにしました。予約を受け付けるとき、登録番号というものを紙に書いてもらうようにしたのです。「予約は〇月〇日の午前10時です。登録番号を申し上げますので、この番号をどこかに控えておいてください。１２３４５。よろしいですね、１２３４５です」というように。

すると、勝手に約束をすっぽかす患者さんは18％も減りました。相当に効果があったといってよいでしょう。

この実験でわかるように、私たちは、何か面倒な手間をかけさせられると、勝手に約束をすっぽかしたりはしなくなるのです。

プライベートでも、ビジネスでも、しょっちゅう約束の時間に遅刻してしまう人がいるとします。こういう人には、その人自身に打ち合わせの場所を決めて、予約を入れてもらうようにするといいですね。

こちらがすべてをお膳立てをしてあげると、そういう人は平気な顔で遅刻してやってきます。ところが、その人にお店に電話をかけて予約を入れさせたりすると、その人は遅刻しないはずです。自分で手間をかけると、人はきちんと行動するのです。

遅刻魔と呼ばれる人も、生まれつき遅刻魔なのではありません。まわりがすべてのお膳立てをしてくれるので、調子に乗っているだけです。その証拠に、遅刻魔の人にすべての手配をしてもらうようにすると、きちんと時間を守って行動してくれるようになります。

ダラダラしがちな人は、自分で手間をかけるようにするといいですね。自分で手間をかけると、なぜかきちんと行動しなければならない、という気持ちになりますから。

リセット方法 45

とにかく行動してみる

やる気とか意欲というものは、何か行動をしているると出てきます。ですので、ダラダラしがちな人は、とにかくすぐに行動することをおすすめします。

スティーヴ・チャンドラーの『なりたかった自分になるのに遅すぎることはない』（桜田直美訳／ディスカヴァー21）には、次のようなやりとりが紹介されています。


「どうすればやる気が出ますか？」

「営業に出かけることです」

「だから、営業に出かけるためのエネルギーが出ないんですよ」

「すぐに営業に出かけることです。やる気というものは、後からついてくるのです」

さらに、次のような例も紹介されています。

「朝、走ろうと思っているのですが、やる気が出ません」
「朝、走ればいいのです」
「でも、走りたくないんです」
「それはまだ走っていないからです。もし走れば、すぐに走りたくなります」

とにかく頭を空っぽにして行動してごらん、というアドバイスなのですが、これは心理学的に言っても正しいと思います。やる気があるから人は行動するのではなく、行動していると、あとからやる気もついてくるのです。

アメリカ・ロードアイランド大学のジェームズ・プロチャスカ氏は、872人のビジネスマンを対象にした調査で、自己改善のできる人は、行動するにあたって、事前にあまり考え込まないタイプであることを突き止めています。

自分を変えようと思ったら、思いついたことはとにかく何でもやってみることです。そういう行動的なタイプのほうが、自分を変えることに結局は成功するものです。

ダラダラしがちな人には、ぜひ日本電産グループの基本精神を覚えておいてもらいたいと思います。


日本電産グループは、「すぐやる　必ずやる　出来るまでやる」をモットーとしており、このモットーに従って、地方の小企業から系列会社100社を超える巨大グループに成長した企業です。

私は、この「すぐやる　必ずやる　出来るまでやる」というモットーが大好きなので、自分の行動の指針にしているのですが、みなさんにも大いに参考になると思うので、ぜひ記憶しておいてほしいと思います。

リセット方法 46

すべての責任を自分でとる

たいていの人は、仕事でミスをしたとき、「僕が悪いんじゃありません」とか「私のせいではありません」などと見苦しい責任逃れをするものです。

けれども、こうして責任逃ればかりしていると、ダラダラする人間になってしまうので要注意。

自分に責任がないと思えば、仕事に対して本気になれるわけがないのです。責任はすべて自分がとると思えばこそ、入念に計画も練るでしょうし、間違いのないように全身全霊を傾けることができるわけですからね。

アメリカ・ニューヨーク市立大学のシンシア・トンプソン氏は、自営業者61人と、会社勤めのサラリーマン115人の比較を行い、どちらのほうが仕事に本気で取り組んでいるのかを調べてみたことがあるのですが、**自営業者のほうが仕事への忠誠心が高く、サボったり、休んだりすることも少ないことがわかりました**。

それはそうですよね。自営業者は、すべての責任を自分でとらなければなりません。利益が落ちたら、すべて自分の責任。仕事がうまくいかなくとも、だれのせいにもできません。悪いのはすべて自分。こういう状況で仕事をしていますから、本気にならざるを得ないのです。

フリーランスや、契約社員にも似たようなところがあるでしょうか。サボっていたり、ダラダラしていたら、正社員とは違って、あっという間に仕事を失ったり、契約を打ちきられてしまったり、ということになるわけですから、ダラダラできるわけがないのです。

そう考えると、一番ダラダラしてしまうのは、身分が保証されている公務員や、クビになる心配のないサラリーマンであると心理学的には考えられます。だからこそ、サラリーマンは自分で責任をとるようにして、自分を追いつめなければなりません。

責任逃れをするのではなく、自分の責任ではないことでも、「自分の責任だ!」と思いながら仕事をするといいですよ。そのほうが仕事に身が入ります。

責任がないと思えば、気楽に仕事ができるものの、「気楽である」からこそ、どうしてもダラダラしがちになってしまうのです。

キビキビと行動できる人間になりたいのであれば、仕事に責任を持たなければなりません。たとえ地位が低くとも、「その仕事、僕にリーダーをやらせてください!」などと積極的に手をあげ、責任のとれるポジションで仕事をさせてもらいましょう。そのほうがダラダラしませんし、仕事も面白く感じるでしょう。

トンプソン氏の調査によると、サラリーマンよりも自営業者のほうが職務満足感も高いことが明らかにされているのですが、すべての責任を自分でとるようにすると、仕事も楽しめるようになる、というおまけもついてきますよ。

リセット方法

47

あえて追い込んでいるのだ、と思い込む

ただダラダラしているのと、「積極的に遅らせる」ことは、同じことをしているようでいて、まったく違う効果を見せます。

戦略的に、ギリギリの状態にまで自分を追いつめていくのでしたら、決して悪いことではありません。人間は、極限状態に置かれたときのほうが、思わぬ力を発揮することができるからです。

「火事場のばか力」という言葉があります。自宅が火事になったりすると、とても一人では持ち上げられないような金庫やタンスを運び出せてしまったりするのが、この力です。

普段、私たちの脳は、潜在能力の20パーセントくらいしか使えません。１００パーセントの

力を出してしまうと、筋肉を傷めてしまったり、腱が切れてしまったりするので、あえて脳はブレーキというか、リミッターをかけているのです。

ところが極限状態になると、このリミッターが外れます。筋肉の繊維が何本ちぎれようとも、そんなことを言っている場合ではないときには、脳はリミッターを外すのです。

積極的な遅延は、いわば火事場のばか力を引き出すための戦略。

自分で四面楚歌の状態に追い込むようにすると、思わぬ力が出せますので、それを利用するわけです。

アメリカ・コロンビア大学のアンジェラ・チュウ氏は、

①プレッシャーが好き

②間に合わせる能力がある

③意図的に遅らせていることを自分でもわかっているときには積極的な遅延も有効である

と指摘しています。

ダラダラすることも、決して悪くはないのですよ。

ただし、それを戦略的に利用できるなら、です。

「私は追い込まれたのではない、自分で追い込んだのだ」と思えるのであれば、積極的な遅延も有効です。

相撲でいうと、土俵際というのは、追い込まれた状態ではあるものの、最初からうっちゃりを狙っている力士にとっては、絶好のチャンスでもあるわけですね。このように戦略的にやるのでしたら、追い込まれた状態というのは、言い換えればチャンスの状態だともいえるわけです。


かくいう私は、どうも心配性なところがあるので、この戦略をやろうとは思いませんが、もしこのやり方が自分に合っているというのであれば、ぜひ利用してみるのもいいかもしれませんね。

リセット方法 48

フィードバックがやる気を引き出す

何らかの行動をとったとき、好ましいフィードバックがなされると、私たちはさらにやる気になります。

「あなたの、こういう点がよかったよ」
「あなたの、こんなところは高評価だ」
「あなたの仕事ぶりは、余人にはまねできないよ」

こんなふうにクライアントや上司、リーダーからフィードバックを受けると、私たちは気分がよくなり、さらにやる気になるのです。

オランダ・アムステルダム自由大学のクリスチャン・バーガース氏は、SNSで募集した157人に、「コンセントレーション」という脳トレのゲームをやってもらいました。このゲームはトランプの神経衰弱のようなものです。

ゲームを終えたところで、バーガース氏は、半数の人には、好ましいフィードバックをしました。「あなたのクリアタイムはとても素晴らしいです」と。実際の得点にかかわらず、だれにでもそう伝えたのです。インチキなフィードバックですね。

残りの半数の人には、「あなたのクリアタイムはあまりよくありません」とネガティブなフィードバックを与えました。やはり実際の得点がよくても、そのようにフィードバックをしてみたのです。

それから将来的にこのゲームでもっと遊んでみたいかと尋ねてみると、好ましいフィードバックを受けた条件のほうが、「もっと遊びたい！」という回答が多くなされました。好ましいフィードバックはやる気を引き出すのです。

仕事を終えたときには、自分の仕事ぶりがどのようであったか、その評価をしてもらいましょう。上司に向かって、「今回の私の仕事はどうでしたか？」と直接に聞いてみるのです。

ただし、その際には、「私は悪い評価をされると、とたんにやる気がなくなるダメ人間ですので、できれば少しでも好意的に評価できることを言ってください」とお願いしておくことも忘れずに。とんでもなく悪い評価をされると、やる気がなくなってしまいますからね。

「かりに悪いところがあっても、そういうものは隠しておいてもらって、できるだけよい点だけを見てください」と念を押しておきましょう。

笑顔でお願いすれば、さすがに上司も「わかった、わかった」と苦笑いしながら、好ましいフィードバックをしてくれますよ。

相手がお客さまやクライアントであっても、フィードバックを求めましょう。「今後の参考にしたいので、できれば私の仕事ぶりのよかった点だけ、こっそり教えてもらえませんか？」とお願いするのです。

他人から好ましいフィードバックをもらうようにすると、ますますやる気になりますし、ダラダラしなくなります。遠慮せずにフィードバックをもらうようにしてください。

リセット方法

49

誇らしいエピソードを思い出す

自己嫌悪感の強い人は、「自分は何をやってもうまくいかない」と思い込んでいます。そういう自己暗示をかけているので、実際に何をやらせてもうまくいきません。

したがって、まずは自己嫌悪感をなくすことが重要です。

そのためには、自分の人生の中で、少しでも誇らしく感じるエピソードがあれば、それを思い出すようにするといいですよ。

小学校のときの運動会で1等賞をとったとか、中学時代に何人もの異性からバレンタインチョコをもらったとか、大学の受験でうまくいったとか、部活動の大会で3位に入賞したとか、どんなことでもいいので、「このとき、たしかに私は輝いていた！」というエピソードを記憶の中から引っ張りだしてきて、それをたっぷりと味わうようにするのです。誇らしいことを思い出すと、私たちは気分がよくなって、すべてのパフォーマンス能力がアップします。

アメリカ・ワシントン大学のクリスタル・ホール氏は、80人の生活困窮者を対象に、ある実験をしています。彼らは年収が平均８０００ドル以下で、ほとんどギリギリの生活をしています。

生活困窮者は、自分はダメ人間だとか、自分は生きる価値がないと思い込んでいて、とても自己嫌悪感が強いのですが、そういう人たちの半数には、「自分の誇らしいエピソード」を何でもいいので思い出してもらい、紙に書き出してもらいました。残りの半数の人は比較のための条件（コントロール条件）で、「普段の自分の食生活」について紙に書いてもらいました。

それから、知能テストとか、頭の回転の速さを測定するテストを受けてもらうと、「誇らしいエピソード」を思い出したグループのほうが、はるかに高得点をあげることがわかりました。

私たちは、誇らしいエピソードを思い出すと、「私だって、やろうと思えばできるんだ！」という気持ちになり、現実のパフォーマンスも向上するのです。

自己嫌悪感の強い人は、昔の思い出の中から、とにかく誇らしいエピソードを引っ張りだしてきてください。

「自分では、そういうものを一つも思い出せない」というのなら、両親に聞いてみるといいですよ。両親というのは、たいてい親ばかですし、子どものことを誇りに思っているので、いろいろなエピソードをイヤになるほど覚えています。

「あなたは幼稚園のお遊戯会で、とても上手にお姫さまを演じたのよ」とか「あなたはみんなにやさしいからといって、小学校の先生から特別なバッジをもらったのよ」などと、自分でも忘れていたようなエピソードを教えてくれるでしょう。それを自分の「誇らしいエピソード」として、時間のあるときには味わうようにするのです。そうすれば、自己嫌悪感も次第に薄れてくるでしょう。

6章

ハッピーに生きていくための心理技法

リセット方法

50

お金にこだわらない生き方をする

みなさんは、どうして働いているのでしょうか。おそらく、ほとんどの人が「お金がほしいから」と答えるでしょうね。生活をしていくためには、どうしてもお金が必要ですから。

けれども、あまり「お金、お金」とお金のことばかり考えるのはやめたほうがいいですよ。というのも、お金に執着していると、仕事から得られる楽しみを感じられなくなってしまい、人生がつまらなくなってしまうからです。

お金はあくまでも結果としてあとからついてくるものであって、目の色を変えて追い求めるものではありません。「楽しく仕事をさせてもらって、しかもお金までもらえるなんてラッキー」と考えたほうがいいですよ。

アメリカ・ノックス大学のティム・カッサー氏は、ロチェスター長期研究という調査に参加した18歳の人たちに、どれくらいお金に執着するのかを尋ねてみました。具体的には、「お金をたくさんもらえる仕事につきたい」「社会的地位の高い仕事につきたい」という質問をして、金銭的な動機づけを調べてみたのです。

その人たちが30歳になったとき、もう一度調査をしました。すると、18歳のときに「お金、お金」と考えていた人たちは、薬物依存、感情障害、不安障害、摂食障害など、精神健康上の問題を多く抱えていることがわかりました。

お金は大切なものではありますが、お金にこだわると、心を病んでしまうのです。

心が病んでしまうと、当然ながら、楽しく仕事ができませんし、結果として、ダラダラと仕事をすることになってしまいます。

毎日、ウキウキしながら楽しく仕事をしたいのであれば、あまりお金にこだわってはいけません。

みなさんは、スポーツであるとか、登山であるとか、釣りであるとか、ガーデニングとか、いろいろな趣味を持っていると思うのですが、別にお金がもらえるわけではないのに、ものすごく楽しんでやっているのではないでしょうか。

仕事も、お金にこだわらないようにすると、仕事本来の楽しみがわかってくるのですよ。これは、どんな業界の、どんな仕事でもそうです。お金にこだわらないと、働くことの喜びや素晴らしさを、とてもよく実感できるようになるのです。

たしかに、お金がほしいという気持ちはわからなくもないですが、せめて仕事をするときにはそういうことはあまり意識しないようにしたいですね。

リセット方法 51

あまり幸せになろうとしない

お金に執着しないことも大切ですが、「幸福」をあまりに追い求めようとするのも同じようにやめたほうがいいですね。

なぜかというと、幸せになろう、幸せになろう、としているとかえって不幸せを感じてしまうことがわかっているからです。

アメリカ・デンバー大学のアイリス・マウス氏は、「幸せになりたい」という気持ちが強い人ほど、人生満足度が低く、精神的健康度も低く、抑うつを感じやすくなることを明らかにしています。

マウス氏によると、「幸せになりたい」という気持ちが強い人は、離婚した人や、事故に遭った人、失業してしまった人などですが、そういう悪い状況にある人が幸せになろうとすると、かえって現実の自分のみじめさが強調されてしまい、余計に心が落ち込んでしまうのだそうです。

悪い状況の人ほど、「幸せになりたい」と思うものですが、皮肉なことに、そういう気持ちが強い人ほど、逆に幸せになれなくなるのです。

「自分はなんとみじめなのだろう」と思っていたら、陽気に仕事などできません。「自分はなんと情けない人間なのだろう」と感じていたら、やる気が出るわけがないのです。

したがって、あまり幸せを追い求めようとしないように気をつけてください。「幸せになる方法」といった自己啓発本などを読んでいると、余計に不幸せな気分になりそうな気がするのですが、どうでしょうか。もちろん、世の中にはすぐれた自己啓発本はたくさんあるので、すべてが悪いというわけではありませんが。

では、不幸せな人は、幸せになれないのかというと、そうではありません。

幸せを感じる期待値をぐっと低く下げてしまえばいいのです。それこそ最低レベルにまで期待値を下げてしまえば、何をしても幸せな気分に浸ることができますよ。

「生きているだけで、幸せ」

「朝、髪の毛がピシっと決まったので、幸せ」

「今日は、晴れてくれたから、幸せ」

「お隣さんが『おはよう』とあいさつしてくれたので、幸せ」

などなど、ものすごく小さなことで幸せを感じるようにするのです。小さなことで幸せを感じるのがポイントです。

こういう生き方をするようにしていると、何をやっていても楽しめるようになりますし、積極的な気持ちですべてのことに取り組むことができるようになります。

ものすごく大きな幸運がやってこないと幸せになれない、と思っていたら、いつまでも幸せにはなれません。ごくごく小さなことでも喜べるような人間になりましょう。

リセット方法

52

EQ（感情知能）アプリで遊ぶ

頭のよさにかかわるＩＱ（知能指数）に対して、心にかかわる知能指数のことをＥＱ（感情知能）と呼びます（本当は「ＥＩ」が正解なのですが、なぜか日本ではＥＱという呼び名のほうが有名になってしまったので、本書でもＥＱと呼びます）。

ＥＱは、たとえば、「自分の感情がわかる」「イラっとしても、すぐに元通りになれる」といった質問で測定されます。ネットで検索すれば、無料のテストも見つかりますので、自分のＥＱの高さを知っておくのもいいですね。

スペイン・デウスト大学のイツィアール・ウルキホ氏は、２７１人の大学の卒業生を調べたところ、ＥＱの高い人のほうが、仕事を楽しん

でおり、「もっと仕事をしたい」という気持ちを強く感じており、しかも月給まで高いことがわかりました。

同じような研究は、アメリカ・サウスアラバマ大学のデビッド・ターニップシード氏の研究でも示されています。

ターニップシード氏によると、ＥＱの高い人は、職場で、困っている人を助けたり、必要でない仕事までやってしまったりする傾向もあるそうです。仕事が楽しいので、そういうことも自然にできるのかもしれないですね。

ちなみに、別の研究では、ＩＱのほうはあまり仕事に関係していないこともわかっています。頭がいいからといって、仕事を楽しめるかどうかはわかりませんが、ＥＱの高い人は、確実に楽しく仕事ができるのです。

しかもありがたいことに、ＥＱを鍛えるゲームやトレーニングアプリはすでにたくさん存在します。

アプリで楽しく遊びながら、笑顔のトレーニングをしたり、ポジティブな感情を引き出したりできるのですから、まことに便利な世の中になったなあ、とつくづく思います。

昔は、ＥＱを鍛えようとしたら、セラピストなどが行うグループセッションに高いお金を払って参加する必要がありましたが、今では無料のアプリでもいくらでも鍛えられるのです。こういう便利なテクノロジーの力を借りない手はありません。

ＥＱが高くなると、人間関係で厄介な問題を引き起こすことが減りますし、言いたいこともきちんと自己主張できるようになりますし、チームやグループでの作業が苦痛でなくなりますし、まことによいことずくめです。

頭のよさ（ＩＱ）もそうですが、心の知能指数（ＥＱ）のほうも、トレーニング次第ではいくらでも伸ばせますから、楽しみながら伸ばしてみてほしいですね。

リセット方法

53

みんなで一斉に休む

勤務時間のシフトなどで、みんなで一斉に休むのが難しい人もいるでしょうが、心理学的にいうと、休むときにはみんなで一斉に休んだほうがいいですね。そのほうが、本当に心から休むことができますから。

自分はこれから休憩の時間だというとき、同僚たちが慌ただしく働いているのを見ると、気が休まるものではありません。「自分だけ休んでいいのかな?」と罪悪感のようなものを覚えて、しっかりと休めないのです。

そのため、中途半端にしか休めず、疲れが抜けないので、仕事のほうもダラダラしてきてしまうのです。

休むときには、みんなで一緒に。

これこそ、心理学が明らかにしている休憩の極意です。みんなで一斉に休むのなら、休憩時間にみんなで楽しくワイワイおしゃべりもできるでしょうし、自分だけ休んで申し訳ないとも感じないので、心からゆったりできます。疲労もすっかり抜けて、「さあ、もうひと踏ん張りするぞ！」という気持ちになれます。

スウェーデン・ウプサラ大学のテリー・ハーティグ氏は、休暇のパターンと幸福度を調査したことがあるのですが、みんなで同じタイミングで休暇をとると、みんなが幸せを感じることがわかりました。

夏休みや、正月休みなどは、みんなで一斉に休んだほうがいいのです。だれかが仕事をしていると思えば、気が休まらないのです。みんなで一斉に休み、オフィスが閑散としているほうが、みんな幸せになれるのです。

面白い研究があります。

アメリカ・スタンフォード大学のクリストバル・ヤング氏は、働いている人と失業者の97万人の幸福度を調べてみました。すると、働いている人が平日よりも休日に幸福度が高まることがわかりました。これは何となくわかります。だれでも休日はうれしいですからね。ところが、何と失業者も平日より休日のほうが、幸福度がアップしていたのですよ。

失業者はもともと働いていないのですから、平日だろうと休日だろうと関係がないはずなのですが、みんなが働いているときに自分は働いていない、ということが後ろめたいらしく、平日よりも休日に幸せを感じるのです。

トリンプ・インターナショナル・ジャパンという企業では、午後6時になると一斉に消灯という取り決めがあるそうです。

おそらくダラダラと残業させないためのやり方なのでしょうが、このやり方はみんなを幸せにするシステムだと思います。

みんなで一斉に帰宅できるのなら、「私一人だけがお先に失礼して心苦しい」という気持ちにならず、晴れ晴れとした気持ちで家路につくことができますからね。当然、明日からまた張りきって仕事をしよう、という意欲も生まれると思います。

リセット方法

54

自分の「波」を知っておく

ダラダラするつもりはなくても、人は一日のうちに何回かはダラダラするものです。

これは純粋に生理的な現象ですので、どうにもできません。だれにでも波はあるのですからね。

私たちの気分や体調には、「サーカディアンリズム」と呼ばれる波があるのです。調子が出てくる時間帯もあれば、逆に、どうにも気分が乗らない時間帯もあるのです。

このリズムは、人によって異なりますので、まずは自分の波が一日の中でどのように変化するのかを知っておくといいですよ。そうすれば、うまく波に乗ることができますからね。

メキシコ・ヌエボレオン自治大学のパブロ・

バルデス氏によれば、ごく一般的な人のサーカディアンリズムは、寝ているときが最低で、起きてから昼にかけて、徐々に調子がよくなっていきます。そして昼食をとって夕方くらいまでに絶好調になり、そこからは下がっていきます。だいたいこのような波になるそうです。

したがって、普通の人にとっては、一番調子がよくなる「午後の時間帯」にとにかく仕事をこなすようにするのがベストでしょう。うまく波に乗れば、スイスイと仕事をこなせますから。

もちろん、サーカディアンリズムは人によって違います。睡眠の時間や、年齢によっても変わります。

朝起きたばかりで、すぐに絶好調になる波の人もいるでしょう。こういう人は、当然、午前中にその日の仕事の8割くらいは終わらせてしまうべきです。そのほうが午後になって、調子が出なくなっても大丈夫です。

うまく波に乗れないときには、仕事がはかどるわけがないのです。

こんなときには、また調子の波があがってくるのを待ちましょう。サーカディアンリズムはずっと下がりっぱなし、ということはありません。そのうちまた、ぐっと上昇してきますので、それを待てばいいのです。

一日の中での波ではなく、もう少し長い期間での好不調のリズムもあります。

スポーツ選手は、時折、「スランプ」に陥ることがあります。スランプは、不調の波が来てしまったということですが、スランプのときに慌てて何かやろうとすると、かえってスランプが長引いてしまいます。こんなときには、心静かに、また調子があがってくるのを待つしかありません。

自分の気分や体調の波を知っておくと、いろいろ便利ですよ。

その波に合わせて、うまくスケジュール管理していくのがポイントです。好調なときにはとにかくどんどん仕事をこなし、不調なときには仕事を減らして少しゆったりと仕事をするのがよいと思います。

リセット方法 55

やらなくていいことはやらない

自分で余計な仕事まで抱え込んでしまう人がいます。こういう人は、ダラダラしてスピーディーに行動できなくなります。なぜなら、本来自分がやるべき仕事でもないので、「なんだかなあ?」と釈然としない気持ちになってしまい、調子が出ないのです。

やるべきことが多いと、人はやる気になりません。

ですので、「やらなくていいことは、やらない」という割りきりが必要です。やらなくていいことをやらないようにすると、心がすっきりしますよ。やりたくないことをやっているから、やる気も出ないという可能性がありますからね。

たとえば、新聞や雑誌の切り抜きをし、ファイリングしている人がいます。その作業は、本当に必要でしょうか。もし、ファイリングしても、その資料を二度と使わないのだとしたら、そのファイリング自体、あまり意味がないのではないでしょうか。もし意味がないのなら、ファイリング自体、やめてしまったほうが時間を節約できるかもしれません。

やらなくていいことは、徹底的にやらないようにし、やるべきことを絞り込むのです。これが能率アップの秘訣。

アメリカ・エンブリー・リドル航空大学のメリル・ダグラス氏は、こんな事例を報告しています。

ある人が心臓発作を起こして医者から6カ月の自宅療養を命じられた。その期間が過ぎると、1日に3時間なら仕事をしてよい、と言われた。しかし、気づいてみると、その3時間で、以前と同じだけの仕事ができた。「3時間しか仕事ができない」と思うと、優先順位の高い仕事だけを集中的にやるようになったからである。

この事例は、『「ダラダラ癖」から抜け出すための10の法則』（川勝久訳／日本経済新聞出版社）に出ていたものですが、優先順位の低いものはやらないようにしろ、ということです。

そうそう、長男・長女ほど、余計な仕事を抱え込みやすいので注意してください。

イギリス・ニューカッスル大学のトーマス・ポレット氏によると、きょうだいの出生順位でいうと、第一子（長男・長女）ほど、面倒見がいい人が多いからです。お兄ちゃん、お姉ちゃんは下のきょうだいの面倒を見させられることが多いので、性格も、そんなふうになってしまうのではないかと思われます。

長男・長女ほど、他の人が抱えている仕事まで自分で面倒を見ようという気持ちになってしまい、疲れてしまいますので、面倒見がいいこともほどほどにしておいてください。他人の面倒を見ていて、自分の時間がなくなってしまったら、本末転倒ですよ。

リセット方法

56

とにかく寝る

仕事は山ほどあるのに、どうしてもやる気にならず、ダラダラしてしまう人がいます。

こういう人に共通しているのが、実は、睡眠不足。

睡眠が足りないと、頭が働かなくなりますし、エネルギーも出せません。食事で栄養をとることも大切ですが、人間にとっては、睡眠時間も同じくらい大切なのです。睡眠不足なのに、キビキビと行動できる人なんていませんから。睡眠不足だと、身体が動かなくなり、どうしてもダラダラするのです。

アメリカ・ニューヨーク州立大学ビンガムトン校のジャコブ・ノタ氏は、クヨクヨと悩んだり、心配したりする傾向と、睡眠時間の長さについての関係性を調べてみました。すると、悩み多き人ほど、睡眠時間が短い、という明らかな傾向が見いだされたのでした。

ネガティブ思考になりやすい人は、みな睡眠不足。

睡眠不足だから、ポジティブなことを考えられないのです。

というわけで、解決法は簡単。睡眠時間が足りないのなら、睡眠時間をしっかりと確保するようにすればいいのですよ。15分でも、30分でも、今より長く眠るようにすれば、それだけですべての悩みや問題が、霧が晴れたようにすっきりするかもしれません。

陰気なことばかり考えたり、仕事の生産性が落ちてしまったりすることに悩んでいる日本人ビジネスマンは多いと思いますが、それというのも、日本人は睡眠時間が足りていない人が多すぎるから。

ある調査によると、日本人ビジネスマンの平均睡眠時間は6時間がトップで32％、ついで5時間が30％、7時間以上は24％だったそうです（瓦版「働き方白書」平均睡眠時間の実態調査より）。

人間は7時間から8時間は睡眠時間が必要だといわれていますから、2割から3割近くのビジネスマンが、たえず睡眠不足に悩まされている計算になります。これではハッピーに仕事ができないのも当たり前です。

みなさんが忙しいことは重々承知しているのですが、それでも睡眠時間は確保しなくてはいけません。

夜、自宅に戻ってから、ダラダラとテレビを見たり、ゲームをしたりする時間を減らしましょう。「それでは自分の楽しい時間がなくなってしまう！」と思うかもしれませんが、それでも睡眠時間を確保することのほうが重要です。

あるいは、昼休みの時間に、ほんの少しでも「昼寝」をしてみるのもいいですね。アイマスクをして、ネクタイをゆるめ、椅子をリクライニングさせて身体を休めるのです。最初は眠れないかもしれませんが、慣れてくるとすぐに昼寝をとることができるようになります。

疲れたときには、とにかく寝ること。このことは、しっかり守ってください。

リセット方法

57

すべての作業は、一回主義で

とりあえず何となく仕事を始めてみて、もし気に入らなければあとで修正をすればいいや、と思ってはいけません。そういう気持ちで仕事をすると、本気になれるわけがありませんから。

何をするにしても、必ず一回だけ。

一回ですべてを完了させてやると思えばこそ、真剣に取り組もうという意欲も生まれるのではないでしょうか。

吉田兼好は、『徒然草』の中で、「初心の人、二つの矢を持つことなかれ」と戒めています。「二回目の矢でうまく当てればいい」と思っていると、初回の矢になおざりの心が生まれてしまうからです。「最初の矢で決めてやる」という気持ちを持たなければダメですよ、という教えなのですが、これは仕事にも当てはまります。

たとえば、資料をつくるときには、推敲してはいけません。

「一回ですべてを完了させるのだ」と思って取り組んだほうが、絶対によいものができあがります。

心理学的にいうと、「もう変更が利かない」ときのほうが、満足度も高くなります。

一回だけのほうが、仕事に満足できるのです。

アメリカ・ハーバード大学のダニエル・ギルバート氏は、モネの複製版画を5枚用意し、好きな順番に並べてもらいました。

それから「3位と4位の複製版画はあまっているので、どうぞ1枚だけ記念にお持ち帰りください」と伝えました。

当然、ほとんどの人は自分が3位に選んだものを持ち帰ったわけですが、このときギルバート氏は、一部の参加者には、「あとで気に入らなければ交換もできますよ」と伝え、残りの人には、「もう交換はできない」と伝えました。

それから数週間後、自分がもらった絵にどれくらい満足したかを聞くと、「交換できない」と言われたグループの人のほうが自分の選択に満足していたのです。

この実験は、『明日の幸せを科学する』（熊谷淳子訳／早川書房）に出ているものですが、「断ちきる」効果を実証しているといえます。

何度もあとでやり直しや、取り返しがつくと思うと、人は満足できなくなるのです。

仕事をするとき、何となくダラダラしてしまう人は、「一回だけで決めてやる」という意識が薄いのではないでしょうか。二の矢を頼みにしていたら、初回の矢になおざりの心が生まれるに決まっています。

かりに何度でも仕事をやり直すことができるのだとしても、心の中では一発勝負だと思っていたほうがいいですよ。そのほうが取り組む姿勢も断然変わってきますからね。

リセット方法

58

面倒なことをやっておくと、あとあと面倒がない

関係者すべてに一斉メールを使って送るのはやめたほうがいいですよ。CCを使って同時にメールを送ったほうが、たくさんの人に手間なく送ることができて便利ですが、そういうメールは、ほとんど読んでもらえません。BCCを使っても、一斉メールかどうかはわかるので、同じです。やはり、相手に読んでもらえません。

「面倒くさいな」と思われるかもしれませんが、一人一人に個別にメールを送ったほうが、時間はかかるかもしれませんが、確実に反応してもらえます。

アメリカ・イーストカロライナ大学のキャリー・ブレア氏は、これを実験的に確認しています。「もし、あなたが、あるウェブアドレス

	2週以内に返信しなかった人の割合
自分だけに送ってきた	62%
他にも一人送っている	67%
他にも14人に送っている	86%
他にも49人に送っている	86%

（出典：Blair, C. A., et al., 2005より）

（URL）を知っているのなら教えてくれるとありがたい」というメールを送って、その反応率を調べるという実験なのですが、メールを見ると、自分以外の人にも同じ文面のメールを送っていることがわかるようにしておいたのです。

その結果、2週間以内に返信を送ってくれず、メール自体を無視した割合は上記の表のようになったそうです。

一人だけに送った場合には、返信してくれる人が多いのに、一斉メールで送った人が増えれば増えるほど、反応してくれる人が大激減していることがわかりますね。

面倒でも、一人一人にメールを書いたほうが、相手の反応もよくなるので、結果としては自分も面倒くさくなくてすみます。

お客さま向けのダイレクトメールもそうですね。一斉に郵送されたような封筒やハガキは、たいていそのまま捨てられます。

面倒でも、一枚一枚のハガキに手書きしたほうが、結局はお客さまからの反応もよいのです。そのため、意味のないダイレクトメールを何度も何度も繰り返し送らなければならない、という手間が省けるのです。

面倒なことをやっておくと、あとの面倒を省くことができます。

お店に出かけるとき、面倒でも、ちょっと予約しておくのもそうですね。きちんと予約を入れてから行くようにすると、他のお客がいっぱいいて入れなかったとか、たまたま休業日だった、という面倒を避けることができます。

ちょっぴり面倒だなと思われることも、トータルで考えればあとの面倒が減らせるなと考えれば、面倒なことも最初にやっておこう、という気持ちになりますよ。

リセット方法 59

ごほうびを用意しておく

アメリカ・ニューヨーク市立大学のヘファー・ベンベナッティ氏は、大学生を対象にした研究で、タイムマネジメント能力の高い人、つまり、時間をしっかりと管理でき、学業成績もよい人は、どのようなことに気をつけているのかを調べてみました。

すると、面白いことがわかりました。

彼らは、やりたくないことを先に、自分が楽しみにしていることをあとに持ってくる、というやり方を好んでいたのです。

たとえば、次のような流れで行動するのがタイムマネジメント能力（と成績）の高い人の特徴です。

まず勉強が先→コンサートや演劇、スポーツ観戦はあと

「お楽しみはあと」という原理で行動していたのですね。その点、タイムマネジメント能力の低い人は、まず好きなことをやって、勉強などのやりたくないことはあとまわしにしようとしていました。まったく逆の順番だったのです。

やりたくないことをするときには、ごほうびを用意しておきましょう。

もちろん、そのごほうびは、「何かをしたあと」にこなければなりません。そういうごほうびを自分でしっかり用意しておけば、やりたくないことでもさっさと片づけてしまおう、という前向きな気持ちになれますよ。

人間は打算的な生き物ですから、「何かしらのごほうびがある」と思えば、とたんにやる気が出てくるものなのです。

もちろん、ごほうびがもらえるのは、何かをやったあとに設定しておかなければなりません。「前借り」のようなものも認めてはいけません。絶対に「あと」にしておくことが重要です。

リセット方法 60

大きな作業は、小さく分割

やるべきことが山積みの場合、私たちは「これをこなさなきゃいけないのか……」とうんざりした気分になり、モチベーションが下がります。

こんなときは、まず大きな作業を、できるだけ小さく分割していくことを考えましょう。大きな作業も、細かくしてしまえば、一つ一つの作業はとるに足りません。少しはやる気も出てきますよ。

アメリカ・スタンフォード大学のアルバート・バンデューラ氏は、7歳から10歳の子どもに算数の問題集を与えて、終わらせられるかどうかの実験をしています。

この問題集は、かなりの分量があったのですが、子どもたちに手渡すときに2通りのやり方をしました。

条件1　「この258ページの問題集を終わらせてください」

条件2　「毎日少なくとも6ページずつやってください」

最終的にきちんと終わらせられたのかを調べてみると、条件1では55%の子どもしか達成できませんでした。それはそうですね。子どもにとって、258ページもある問題集にそのまま取り組むのは、苦痛でしかありませんから。途中でギブアップしてしまうのもしかたありません。

では、小さく分けた条件2のほうは、どうだったのでしょうか。こちらの条件では何と74%が最後までやり遂げたのです。小さく分割するやり方は、大成功だったわけです。

いきなり今から100キロ走ってきてくれと言われたら、だれでも躊躇《ちゅうちょ》してしまうと思うのですが、「毎日2キロずつ、2カ月走ってくれ」といわれたら、「まあ、それくらいなら……」という気持ちになりますよね。

大きな作業にそのまま体当たりしようとしてはいけません。当たって砕けてしまうに決まっています。まずは小さな作業に分けて、自分がたやすくホイホイとこなせる量にするべきです。それなら、当たって砕けることもなくなります。

私が書籍を執筆するときも、このやり方をしています。原稿用紙何百枚分もの原稿を書かなければならないと思うと、尻込みしてしまって、グズグズとなかなか取り組めなくなってしまうので、「1日に何ページ」と決めてとりかかるようにしています。毎日、少しずつ書けばよいと思えば、心理的なハードルはものすごく低くなるのです。

結局、大きな作業をすべてやらなければならないのだとしても、一つ一つが小さな作業になっていれば、何も恐れるに足らずという勇気が湧きますよ。

あとがき

私たちの生命には、言うまでもなくかぎりがあります。だとしたら、残された時間をできるだけ有意義に使ったほうがいいに決まっています。せっかくの人生なのですから、できるだけ有効活用したいですよね。

「ダラダラしていたら、何だか時間がもったいない」

「だけど、どうすればダラダラしないですむのか、やり方がわからない」

そんなみなさんのために本書を執筆いたしました。ダラダラしたくはないのに、具体的にどうすればいいのかわからないので困っている、という人は非常に多いのではないかと思ったからです。

では、どうして私はダラダラしている人が多いと思ったのでしょうか。

その理由は、日本人ビジネスマンの生産性がものすごく低いから。

公益財団法人日本生産性本部の調査では、２０２１年の日本の時間あたり付加価値労働生産性は49・9ドル。これは経済協力開発機構（ＯＥＣＤ）加盟38カ国中27位で、先進7カ国（Ｇ７）では最下位の数字です。しかも、Ｇ７で日本が最下位というのは、今に始まったことではなく、１９７０年以降ずっとなのです。

ようするに、日本人ビジネスマンは、働く時間は長いのに、ダラダラと会議をしたり、ダラダラと残業をしたりすることが多くて、時間に見合った生産性をあげていないのです。

そこで本書では、「こうするとダラダラしなくなりますよ」という実践的なアドバイスを、紙幅が許すかぎりたくさん紹介してきました。

なかなか一朝一夕にダラダラぐせは直せないとは思いますが、かぎりのある人生を有意義にするためにも、ぜひ本書で紹介してきたテクニックを利用していただければ幸いです。一つでも二つでも、自分が実践できそうなものから試してみてください。

ダラダラしなくなり、時間が浮くようになると、ちょっぴりぜいたくな気分になりますよ。時間に余裕ができると、心理的な余裕も生まれます。心も伸び伸び、晴れ晴れとしてくるので、毎日が楽しくなります。あまった時間は、すべて自分の好きなように使っていいのですから、こんなにぜいたくなこともありません。

さて、本書の執筆にあたっては春陽堂書店の三宅川修慶さんにお世話になりました。この場を借りてお礼を申し上げます。ありがとうございました。

最後になりましたが、読者のみなさんにもお礼を申し上げます。最後の最後までお付き合いいただき、本当にありがとうございます。

本書の中では、偉そうにいろいろとアドバイスをしてきましたが、「それでは、おまえは絶対にダラダラしない人間なのか！」と聞かれると、大変に困ります。私自身、人並みにはダラダラしておりますし、なかなか自分を律することができません。この機会に、読者のみなさんと一緒に、ダラダラしない人間に生まれ変わりたいな、と思いながら筆をおくことにします。

またどこかでお目にかかりましょう。

内藤誼人

Schippers, M. C., & Van Lange, P. A. M. 2006 The psychological benefits of superstitious rituals in top sport: A study among top sportspersons. Journal of Applied Social Psychology, 36, 2532-2553.

Scofield, R. W. 1960 Task productivity of groups of friends and non-friends. Psychological Reports, 6, 459-460.

Steel, P. 2007 The nature of procrastination: A meta-analysis and theoretical review of quintessential self-regulatory failure. Psychological Bulletin, 133, 65-94.

Sy, T., Cote, S., & Saavedra, R. 2005 The contagious leader: Impact of the leader's mood on the mood of group affective tone, and group processes. Journal of Applied Psychology, 90, 295-305.

Taylor, A., Wright, H. R., & Lack, L. 2008 Sleeping-in on the weekend delays circadian phase and increases sleepiness the following week. Sleep and Biological Rrhythms, 6, 172-179.

Thompson, C. A., Kopelman, R. E., & Schriesheim, C. A. 1992 Putting all one's egg in the same basket: A comparison of commitment and satisfaction among self-and organizationally employed men. Journal of Applied Psychology, 77, 738-743.

Thornton, B., Faires, A., Robbins, M., & Rollins, E. 2014 The mere presence of a cell phone may be distracting. Implications for attention and task performance. Social Psychology, 45, 479-488.

Tulbure, B. T. 2015 Appreciating the positive protects us from negative emotions: The relationship between gratitude, depression and religiosity. Procedia-Social and Behavioral Sciences, 187, 475-480.

Turnipseed, D. L., & Vandewaa, E. A. 2012 Relationship between emotional intelligence and organizational citizenship behavior. Psychological Reports, 110, 899-914.

Urquijo, I., Extremera, N., & Azanza, G. 2019 The contribution of emotional intelligence to career success: Beyond personality traits. International Journal of Environmental Research and Public Health, 16, 4809.

Valdez, P. 2019 Circadian rhythms in attention. Yale Journal of Biology and Medicine, 92, 81-92.

Xu, J. & Metcalfe, J. 2016 Studying in the region of proximal learning reduces mind wandering. Memory & Cognition, 44, 681-695.

Young, C. & Lim, C. 2014 Time as a network good: Evidence from unemployment and the standard workweek. Sociological Science, 1, 10-27.

Younger, J., Aron, A., Parke, S., Chatterjee, N., & Mackey, S. 2010 Viewing pictures of a romantic partner reduces experimental pain: Involvement of neural reward systems. PLOS ONE, 5, e13309.

make people happy? Paradoxical effects of valuing happiness. Emotion, 11, 807-815.

McAuley, E., Blissmer, B., Marquez, D. X., Jerome, G. J., Kramer, A. F., & Katula, J. 2000 Social relations, physical activity, and well-being in older adults. Preventive Medicine, 31, 608-617.

McCracken, G. 1986 Culture and consumption: A theoretical account of the structure and movement of the cultural meaning of consumer goods. Journal of Consumer Research, 13, 71-84.

Moneta, G. B., & Csikzentmihalyi, M. 1996 The effect of perceived challenges and skills on the quality of subjective experience. Journal of Personality, 64, 275-310.

Mueller, P. A. & Oppenheimer, D. M. 2014 The pen is mightier than the keyboard: Advantages of longhand over laptop note taking. Psychological Science, 25, 1159-1168.

Nota, J. A. & Coles, M. E. 2015 Duration and timing of sleep are associated with repetitive negative thinking. Cognitive Therapy and Research, 39, 253-261.

Owens, S. G., Bowman, C. G., & Dill, C. A. 2008 Overcoming procrastination: The effect of implementation intentions. Journal of Applied Social Psychology, 38, 366-384.

Pfatteicher, S., Strauch, C., Diefenbacher, S., & Schnuerch, R. 2018 A field study on watching eyes and hand hygiene compliance in a public restroom. Journal of Applied Social Psychology, 48, 188-194.

Pollet, T. V., & Nettle, D. 2007 Birth order and face-to-face contact with a sibling:

Firstborns have more contact than laterborns. Personality and Individual

Differences, 43, 1796-1806.

Pool, M. M., Koolstra, C. M., & Voort, T. H. A. V. 2003 The impact of background radio and television on high school students homework performance. Journal of Communication, 53, 74-87.

Prochaska, J. O., & DiClemente, C. C. 1983 Stages and processes of self-change of smoking: Toward an integrative model of change. Journal of Consulting and Clinical Psychology, 51, 390-395.

Raikov, V. L. 1976 The possibility of creativity in the active stage of hypnosis. International Journal of Clinical and Experimental Hypnosis, 24, 258-268.

Robinson, S. L., & O'Leary-Kelly, A. M. 1998 Monkey see, monkey do: The influence of work groups on the antisocial behavior of employees. Academy of Management Journal, 41, 658-672.

Ryder, D. 1999 Deciding to change: Enhancing client motivation to change behavior. Behavior Change, 16, 165-174.

Sanders, M. A., Shirk, S. D., Burgin, C. J., & Martin, L. L. 2012 The gargle effect: Rinsing the mouth with glucose enhances self-control. Psychological Science, 23, 1470-1472.

Scheibehenne, B., Greifeneder, R., & Todd, P. M. 2010 Can there ever be too many options? A meta-analytic review of choice overload. Journal of Consumer Research, 37, 409-425.

Árnadóttir, O., Bond, R., & Dittmar, H., Dungan, N., & Hawks, S. 2014 Changes in materialism, changes in psychological well-being: Evidence from three longitudinal studies and an intervention experiment. Motivation & Emotion, 38, 1-22.

Kaushal, N. & Rhodes, R. E. 2015 Exercise habit formation in new gym members: A longitudinal study. Journal of Behavioral Medicine, 38, 652-663.

Kemps, E., Tiggmann, M., & Grigg, M. 2008 Food cravings consume limited cognitive resources. Journal of Experimental Psychology:Applied, 14, 247-254.

Klassen, R. M., Ang, R. P., Chong, W. H., Krawchuk, L. L., Huan, V. S., Wong, I. Y. F., & Yeo, L. S. 2010 Academic procrastination in two settings: Motivation correlates, behavioral patterns, and negative impact of procrastination in Canada and Singapore. Applied Psychology: An international review, 59, 361-379.

Kraut, R. E. 1973 Effects of social labeling on giving to charity. Journal of Experimental Social Psychology, 9, 551-562.

Konig, C. J., & Kleinmann, M. 2005 Deadline rush: A time management phenomenon and its mathematical description. Journal of Psychology, 139, 33-45.

Kornell, N. & Bjork, R. A. 2008 Learning concepts and categories. Is spacing the "Enemy of induction"? Psychological Science, 19, 585-592.

Lally, P., van Jaarsveld, C. H. M., Potts, H. W. W., & Wardle, J. 2010 How are habits formed: Modeling habit formation in the real world. European Journal of Social Psychology, 40, 998-1009.

Lautenbach, F., Laborde, S., Mesagno, C., Lobinger, B. H., Achtzehn, S., & Arimond, F. 2015 Nonautomated pre-performance routine in tennis: An intervention study. Journal of Applied Sport Psychology, 27, 123-131.

Layous, K., Kurtz, J., Chancellor, J., & Lyubomirsky, S. 2018 Reframing the ordinary: Imagining time as scarce increases well-being. Journal of Positive Psychology, 13, 301-308.

Lee, K. E., Williams, K. J. H., Sargent, L. D., Williams, N. S. G., & Johnson, K. A. 2015 40-second green roof views sustain attention: The role of micro-breaks in attention restoration. Journal of Environmental Psychology, 42, 182-189.

Lester, D., Iliceto, P., Pompili, M., & Girardi, P. 2011 Depression and suicidality in obese patients. Psychological Reports, 108, 367-368.

Levinson, D. B., Stoll, E. L., Kindy, S. D., Merry, H. L., & Davidson, R. J. 2014 A mind you can count on: Validating breath counting as a behavioral measure of mindfulness. Frontiers in Psychology, 24. Doi:10.3389/fpsy.g.2014.01202.

Marselle, M. R., Irvine, K. N., & Warber, S. L. 2014 Examining group walks in nature and multiple aspects of well-being: A large-scale study. Ecopsychology, 6, 134-147.

Martin, S. J., Bassi, S., & Dumbar-Rees, R. 2012 Commitments, norms and custard creams – A social influence approach to reducing did not attends(DNAs). Journal of Royal Society of Medicine, 105, 101-104.

Mauss, I. B., Tamir, M., Anderson, C. L., & Savino, N. S. 2011 Can seeking happiness procrastination behavior on attitude and performance. Journal of Social Psychology, 145, 245-264.

Damisch, L., Stoberock, B., & Mussweiler, T. 2010 Keep your fingers crossed! How superstition improves performance. Psychological Science, 21, 1014-1020.

Davis, C. & Levitan, R. D. 2005 Seasonality and seasonal affective disorder(SAD): An evolutionary viewpoint tied to energy conservation and reproductive cycles. Journal of Affective Disorders, 87, 3-10.

Duckworth, A. L., Gendler, T. S., & Gross, J. J. 2016 Situational strategies for self-control. Perspectives on Psychological Science, 11, 35-55.

Flynn, F. J., & Lake, V. K. B. 2008 If you need help, just ask: Understanding compliance with direct requests for help. Journal of Personality and Social Psychology, 95, 128-143.

Grant, A. & Dutton, J. 2012 Beneficiary or benefactor: Are people more prosocial when they reflect on receiving or giving? Psychological Science, 23, 1033-1039.

Hall, C. C., Zhao, J., & Shafir, E. 2014 Self-affirmation among the poor: Cognitive and behavioral implications. 2014 Psychological Science, 25, 619-625.

Hallett, R., & Lamont, A. 2019 Evaluation of a motivational pre-exercise music intervention. Journal of Health Psychology, 24, 309-320.

Hansen, E. A., Emanuelsen, A., Gertsen, R. M., & Sorensen, S. S. R. 2014 Improved marathon performance by in-race nutritional strategy intervention. International Journal of Sport Nutrition and Exercise Metabolism, 24, 645-455.

Hansen, J. & Wänke, M. 2009 Think of capable others and you can make it! Self-efficacy mediates the effect of stereotype activation on behavior. Social Cognition, 27, 76-88.

Harkin, B., Webb, T. L., Chang, B. P. I., Prestwich, A., Conner, M., Kellar, I., Benn, Y., & Sheeran, P. 2016 Does monitoring goal progress promote goal attainment? A meta-analysis of the experimental evidence. Psychological Bulletin, 142, 198-229.

Harriott, J. & Ferrari, J. R. 1996 Prevalence of procrastination among samples of adults. Psychological Reports, 78, 611-616.

Hartig, T., Catalano, R., Ong, M., & Syme, S. L. 2013 Vacation, collective restoration, and mental health in a population. Society and Mental Health, 3, 221-236.

Hess, B., Sherman, M. F., & Goodman, M. 2000 Eveningness predicts academic procrastination: The mediating role of neuroticism. Journal of Social Behavior and Personality, 15, 61-74.

Hsee, C. K., Yang, A. X., & Wang, L. 2010 Idleness aversion and the need for justifiable busyness. Psychological Science, 21, 926-930.

Jackson, T., Weiss, K. E., & Lundquist, J. J. 2000 Does procrastination mediate the relationship between optimism and subsequent stress? Journal of Social Behavior and Personality, 15, 203-212.

Johnson, E. J., & Goldstein, D. 2003 Policy forum: Do defaults save lives? Science, 302, 1338-1339.

Kasser, T., Rosenblum, K. L., Sameroff, A. J., Deci, E. L., Niemiec, C. P., Ryan, R. M.,

参考文献

Annesi, J. J., & Unruh, J. L. 2006 Corelates of mood changes in obese women initiating a moderate exercise and nutrition information program. Psychological Reports, 99, 225-229.

Ariely, D., & Wertenbrock, K. 2002 Procrastination, deadlines, and performance: Self-control by precommitment. Psychological Science, 13, 219-224.

Bandura, A., & Schunk, D. H. 1981 Cultivating competence, self-efficacy, and intrinsic interest through proximal self-motivation. Journal of Personality and Social Psychology, 41, 586-598.

Beilock, S. L., Carr, T. H., MacMahon, C., & Starkes, J. L. 2002 When paying attention becomes counterproductive: Impact of divided versus skill-focused attention on novice and experienced performance of sensorimotor skills, 8, 6-16.

Bembenutty, H. 2009 Academic delay of gratification, self-efficacy, and time management

among academically unprepared college students. Psychological Reports, 104, 613-623.

Blair, C. A., Thompson, L. F., & Wuensch, K. L. 2005 Electronic helping behavior: The virtual presence of others makes a difference. Basic and Applied Social Psychology, 27, 171-178.

Blatchford, P., Bassett, P., Goldstein, H., & Martin, C. 2003 Are class size differences related to pupils' educational progress and classroom processes? Findings from the institute of education class size study of children aged 5-7years.

Bluedorn, A. C., Turban, D. B., & Love, M. S. 1999 The effect of stand-up and sit-down meeting formats on meeting outcomes. Journal of Applied Psychology, 84, 277-285.

Brownlow, S., & Reasinger, R. D. 2000 Putting off until tomorrow what is better done today: Academic procrastination as a function of motivation toward college work. Journal of Social Behavior and Personality, 15, 15-34.

Bui, N. H. 2007 Effect of evaluation threat on procrastination behavior. Journal of Social Psychology, 147, 197-209.

Burgers, C., Eden, A., van Engelenburg, M. D., & Buningh, S. 2015 How feedback boosts motivation and play in a brain-training game. Computers in Human Behavior, 48, 94-103.

Bushman, B. J., DeWall, C. N., Pond, R. S. Jr., & Hanus, M. D. 2014 Low glucose relates to greater aggression in married couples. Proceedings of the National Academy of Sciences of the United States of America, 111, 6254-6257.

Carton, A. M., Murphy, C., & Clark, J. R. 2014 A (blurry) vision of the future: How leader rhetoric about ultimate goals influences performance. Academy of Management Journal, 57, 1544-1570.

Chu, A. H. C., & Choi, J. N. 2005 Rethinking procrastination: Positive effects of "active"

内藤誼人（ないとう よしひと）

心理学者、立正大学客員教授、有限会社アンギルド代表取締役社長。慶應義塾大学社会学研究科博士課程修了。社会心理学の知見をベースに、ビジネスを中心とした実践的分野への応用に力を注ぐ心理学系アクティビスト。趣味は釣りとガーデニング。
著書に、『裏社会の危険な心理交渉術』『世界最先端の研究が教えるすごい心理学』(以上、総合法令出版)など多数。その数は200冊を超える。

装丁・本文フォーマット／吉村朋子
編集担当／三宅川修慶（春陽堂書店）

ダラダラ時間《じかん》をリセットする
最新心理学《さいしんしんりがく》BEST60

2023年2月26日　初版第1刷発行

著　者／内藤誼人《ないとうよしひと》
発行者／伊藤良則
発行所／株式会社春陽堂書店
〒104-0061　東京都中央区銀座3丁目10-9　KEC銀座ビル
電話 03-6264-0855（代表）
印刷所／ラン印刷社

乱丁・落丁本は交換させていただきます。購入した書店名を明記の上、小社へお送りください。なお、古書店で購入された場合は交換できませんのでご了承ください。
本書の一部、もしくは全部の無断転載・複製・複写・デジタルデータ化・放送・データ配信などの行為は法律で認められた場合を除き著作権の侵害となります。また、本書を代行業者などの第三者に依頼して複製する行為は個人や家庭内での使用であっても一切認められておりません。

©Yoshihito Naito 2023　Printed in Japan
ISBN 978-4-394-38002-3